Patrimônio Primordial

Extinção da Criança Rejeitada no Brasil
– Reversão do Processo –

LUMEN JURIS

www.lumenjuris.com.br

Rio de Janeiro
Av. Londres, 491 – Bonsucesso
Rio de Janeiro – RJ – CEP 21041-030
C.N.P.J.: 31.661.374/0001-81
Inscr. Est.: 77.297.936
TEL.: (21) 3868-5531 / 2564-6319
Email: lumenjuris@msm.com.br /
Home Page: www.lumenjuris.com.br

Rio Grande do Sul
Rua Cap. João de Oliveira Lima, 129/202
Santo Antonio da Patrulha – Pitangueiras
CEP 95500-000
Telefone: (51) 3662-7147

São Paulo
Rua Primeiro de Janeiro, 159
Vila Clementino – São Paulo, SP
CEP 04044-060
Telefone: (11) 5908-0240

Brasília
SHC/Sul C L 402 – Bloco B – Lj 35
Asa Sul – Brasília – DF
CEP 70236-520
Telefone (61) 3225-8569

VERA JOFILY
Advogada
Membro da Associação Internacional
de Juízes de Menores e de Família
Paris-França – 1986-1992

PATRIMÔNIO PRIMORDIAL

Extinção da Criança Rejeitada no Brasil
– Reversão do Processo –

EDITORA LUMEN JURIS
Rio de Janeiro
2006

Produção Editorial
Livraria e Editora Lumen Juris Ltda.

Foto de capa
Carlo Jofily

Impresso no Brasil
Printed in Brazil

Agradecimentos

Meu primeiro reconhecimento é para a muito amada neta Paula – "*my love and my passion*" – que, ao nascer, trouxe-me o renascimento na ternura e no amor... A inocência espontânea de uma nova infância. Ao seu primeiro sorriso, total e para sempre, mudou a direção da minha trajetória como ser pensante... A minha visão do mundo. Escancarou meus sentidos para a simples beleza, para a essência das coisas, para a seiva da planta. O amor brota do seu sorriso, dos seus beijinhos doces, dos seus olhinhos vivos, do seu afago, dos seus desenhos... Por este perfeito e raro entendimento... por esta gloriosa transformação, o meu eterno agradecimento, o meu imenso amor.

Hoje, na segunda adolescência, mãos dadas com meu caríssimo neto Marcel, também ele adolescente, venho encetando a busca do novo, de vôos diferentes, na amplitude do espaço cósmico. Hoje, ele renova o meu saber... E eu, curiosa e vibrante, o aceito como mestre, porque é mais puro do que eu, mais autêntico do que os soturnos arautos de outrora, bafejando valores estabelecidos, velhos dogmas que me navegavam a linfa. Hoje, crescemos os dois, adolescemos os dois, na proporção do nosso empenho, da nossa coragem, da nossa consciência do que somos e não do que temos. Por suas mãos e por seus olhos, que me guiam nesta nova e fascinante aventura, e ainda pela paciente e competente formatação deste livro, meu imenso amor e eterno agradecimento.

À neta Melissa – meu bem-querer distante – que desde sempre habitou meu coração, povoou meu pensamento de imagens de doçura e beleza incomparável. E que transmite tranqüilidade, sabedoria e muita formosura, com reflexo nos encantos da sua maternidade – as bonecas Daisy e Hailey. Assim...vem ditando a minha continuação...o que me faz vibrar com imenso amor.

A meus filhos – Paulo, Carlos e Liliane – três vertentes da minha existência, gloriosos sobreviventes das águas do que fiz e das águas do que não fiz, porque não pude ou porque não soube. E por essa conquista lhes faço loas. Mas como nesta vida, em nosso hoje, o passado são fantasmas, e não nos vale a pena viver circunscritos a quadrados imaginários, em agradecimento, ofereço o meu imenso amor, na esperança de que seja a palavra bastante para ampliar o espaço existencial de suas vidas, já por si vitoriosas face à feliz opção de rumos e escolhas.

A meus pais, pela vida. Auguro-lhes a Paz dos Céus. A meus irmãos, Therezinha e José, pelo exemplo e participação na vida. Auguro-lhes a Paz na nossa terra.

Esta obra, desde a sua concepção, foi privilegiada com bela e ampla conjunção astral. Eram as estrelas até hoje me iluminando a vida. Uma realidade cósmica... Porque nada é por acaso.

Há muitos anos... surgiu a Vera Guimarães, que me acolheu numa pequena floresta em meio a flores e frutos. Ainda hoje traz o alento, a coragem, a energia espiritual e a convicção de que tudo vai dar certo... É só ter fé e esperar... Despertou-me a alma. A ela então todo o meu amor e gratidão pela verdade que, incisiva, transmite.

Num certo momento... a Lílian Moreira – mutante encantadora, ser consciente, visão intuitiva da realidade – encontrou-me aprisionada – ser estagnante – buscando oxigênio na matéria. Sacudiu-me... com carinho. Despertou-me o corpo. A ela o meu amor.

Ao despertar... retraí-me. Mesmo assim, ambivalente e hesitante, caminhei até a querida Jônia Valesini – porta de entrada do meu ser, sempre entreaberta à espera do meu passo adentro. Foi a sublevação. Hoje, com seu saber amplo e amoroso, liberta-me de mim mesma. Desperta-me a consciência. E mais que tudo, desperta a minha Deusa!!!... quiçá as minhas Deusas!!! Hilariante...a reconstrução. A ela, o meu coração. Ainda por suas mãos, outra realidade cósmica: Henrique Ramos – o Absoluto – que, com sua sensibilidade para as letras, descobriu em mim aptidão buscando rumo. Instigação...

À muito querida Márcia Gomes, Defensora Pública, que, perseverante, determinada, incansável, livro após livro... processo após processo, desde sempre vem me encantando e revigorando nas letras jurídicas. E a seus pais – Geísa e Jorge Gomes – artífices desta bela realidade, pela amizade caríssima que me oferecem, nutrindo minha tranqüilidade como ser querido. A eles, um grande amor e carinho.

À Maria da Penha (por último, mas a primeira). A eterna "estaca". O pequeno grande "penhasco"... O esteio... O amparo... O suporte sem o qual não se teria erigido a pirâmide da minha vida. A ela, a certeza do meu apoio, com muito amor e gratidão.

Ao recém-nascido rejeitado
morto asfixiado
em anjo transmudado
descoberto
em matagal, abandonado.

Ao menor rejeitado
abandonado, resgatado
ainda ser vivente
institucionalizado
marginalizado, delinqüente
hoje... infrator
amanhã, presidiário.

Todos vidas abortadas
sacrificadas
santificadas pelo sofrimento.

Sumário

ABORTO – O MITO

ADOÇÃO E O DIREITO NATURAL

A criança não tem pátria.
Tal como a planta
germina e cresce
onde a terra é fértil
e o amor imenso.
A pátria lhe surge
nos braços deste amor.

O Século XXI e a Realidade da Extinção da Criança Brasileira

– Patrimônio Primordial da Nação –

Toda vez que, nas "esquinas" do Brasil, nos deparamos com uma criança de quatro, cinco, sete anos, mal vestida e descalça, fazendo malabarismos, implorando, olhar triste, que se lhe compremos limões ou balas, só para ajudar...

Toda vez... toda vez que este quadro se repete, a cada "esquina" do Brasil, de nós se apossa um sentimento misto de raiva (... afinal, que culpa temos?...), de comiseração (... coitadinha... tão novinha, já sofrendo!...) e de consciência pesada (... será que realmente nada podemos fazer?!...).

É inevitável. Mesmo querendo, não podemos negar este momento que todos já vivemos. É um momento rápido; um sobressalto, seguido de uma sensação de angústia que nos penetra e em nós persiste. Logo nos protegemos, levantando a "barreira" do vidro da janela do carro, desviando o olhar, fingindo ignorar aquele apelo. Na verdade, temos medo do assalto, da gilete, do risco à nossa incolumidade e ao nosso patrimônio, que, afinal, somos "humanos"... temos sentimentos!

E nosso medo é tal que não nos apercebemos de que aquela criança também tem sentimentos, que aquele olhar triste exprime baixa auto-estima, prejudicial ao seu psiquismo. Não sabemos se ela comeu, se bebeu, se foi forçada a estar ali, se está febril... Rápida e simplesmente, levantamos a "barreira" e aceleramos... mirando à frente, até a próxima "esquina" do Brasil, que são muitas... e muitas... Sobre isto, já ouvimos e vimos falar, na vasta rede dos chamados meios de comunicação global, com respaldo nas estatísticas.

E nosso medo é tal que não nos apercebemos de que aquela criança é **sujeito do direito de ser criança**, de ser amada, alimentada, educada, dignificada. Sujeito de um direito constitucional. E que há cinco séculos vem sendo espoliada deste direito, colocada, que ainda está, na posição de objeto do direito de todos nós, adultos, de pugnarmos pela sua integral assistência, sempre e preferivelmente, bem longe dela – como no cinema, mirando a tela – após o que, saboreamos um sorvete. Afinal, somos "humanos"... temos fome e sede ... e trocados suficientes para satisfazê-las.

E nosso medo é tal que não nos damos conta de que aquela criança, há cinco séculos, vem sendo forçada a implorar, com choro ou com armas – agora muito mais com armas do que com choro – o exercício de seu próprio direito. Há cinco séculos, e com muito choro, vem sendo revoltantemente aniquilada. Agora, pela lei do retorno, tomou ela própria as armas em defesa de seu direito. E, diante de sua impunidade, por ser criança, do lado de fora da "barreira" estamos nós, indefesos e impotentes, implorando à consciência e à vontade política do poder público, o respeito ao nosso direito de ir e vir em paz – também uma garantia constitucional.

A idéia deste livro surgiu da revolta diante da perpetuação do aniquilamento desta criança, desde sempre e até hoje, em pleno século XXI. Surgiu deste impasse nutrido pouco a pouco pela inércia brasileira, pela simples aceitação dos fatos. Surgiu da perplexidade. Há dois direitos desrespeitados: o da criança e o do adulto. Os dois estão garantidos em lei. O da criança é primordial. Por que não agir de imediato sobre as causas múltiplas, alcançando os efeitos tão múltiplos quanto devastadores?

Face a isto, o livro fala de uma política de enfrentamento dos fatos para reverter este processo, de como evitar o homicídio secular perpetrado contra esta criança – o aborto em vida – sob o beneplácito da lei de Deus e da lei do homem.

Fala de uma política corajosa, frontal, de prevenção do abandono diferenciado em que se encontra a nossa criança. Política esta baseada em ampla prática da moderna contracepção, e no combate à prática clandestina do aborto, através de sua descriminação em todos os aspectos, inclusive terapêutico, ético e eugenésico.

Completando o quadro desta política de enfrentamento, propõe-se a ampliação da prática da adoção, nacional e internacional, que deverá ser imediata, precoce, sempre e exclusivamente, centrada no bem-estar e no direito inalienável da criança ao amor de uma família substituta, capaz de exercer a função psicológica da maternidade e de levar a criança à integral inserção social.

Este livro busca realçar a necessidade de mudança na mentalidade da sociedade, no sentido de tratar a criança não mais como objeto do direito do adulto, mas sim como sujeito do direito dela, criança, a uma vida saudável e digna. Porque o direito da criança se sobrepõe a todo e qualquer outro tutelado pelo Estado – e a este direito se contrapõe o dever jurídico do adulto de lhe propiciar a possibilidade de seu pleno exercício.

A criança não tem pátria. Sua pátria será onde for amada, valorizada. Sua pátria será sempre onde lhe forem dadas efetivas oportunidades de, feliz, se desenvolver a ponto de alcançar a cidadania.

Fala, finalmente, este livro de uma resposta simples à questão de como evitar o sofrimento de uma criança. E **Einstein** dizia que "**quando as respostas são simples, a gente pode ouvir Deus pensando**".

O Despertar das Consciências

Com este trabalho não se pretende apresentar novos dados sobre o sofrimento infligido à criança rejeitada, no Brasil. Tão-somente salientá-lo, projetá-lo nas consciências serenadas, que a humanidade inteira já o conhece. As estatísticas dos organismos nacionais e internacionais trazem números os mais completos, ainda que o ritmo veloz dos fatos que dia-a-dia marcam este infortúnio ultrapasse de muito a computação de seus dados. É um martírio que se arrasta implacável como um destino traçado no começo dos tempos.

A origem disto nos aflige e envergonha. E a urgência de estancar tamanha desventura é que nos impele a investir palavras de revolta na reversão do processo de aniquilamento da criança – verdadeiro futuro e patrimônio primordial de todo e qualquer país.

No Brasil, tal estado de coisas persiste desde o início da sua colonização por Portugal no ano de 1500, em função de um contexto de múltiplas conseqüências inerentes à dependência econômica, política, cultural e religiosa instalada para sempre na alma da Colônia. E persiste agravado pelo caráter de resignação à vontade de Deus incutido na mente do colono brasileiro, forjando seus costumes, seus interesses, inibindo suas aspirações.

O homem sempre fora obra de Deus e seus direitos arrastaram séculos de lutas para serem reconhecidos. A criança, contudo, mantém-se vítima – hoje, já não mais em silêncio... – da constante violação de seus direitos, universalmente declarados em 1924 e 1959.

O enfoque sobre o qual tem sido continuamente pensada coloca a criança na posição de OBJETO DE DIREITO dos pais, das instituições, dos mestres, das nações. Em nome da proteção que lhe é devida por direito natural, todos quantos de alguma forma ligados a ela, inclusive os legisladores, infligem-lhe sofrimentos desumanos, protegem-na em detrimento dela própria. Abrigar a criança parece aplacar a consciência dos responsáveis por seu bem-estar. É o dever que eles consideram cumprido.

Nossa finalidade não é conscientizar a sociedade sobre a questão da criança brasileira em seus múltiplos aspectos. Isto já vem sendo feito há quinhentos anos e a retórica ainda hoje se repete, sempre com o enfoque contrário à solução do problema. É nosso escopo tão-só alardear, com base em evidências notórias e fatos concretos, sobre a postura imoral de todos quantos lidam, direta ou indiretamente, com a nossa criança.

Essencial, contudo, nos parece enfatizar que – mesmo com o universo populacional crescente de 175 milhões – o país carrega na sua consciência 56,7 milhões (33,64%) vivendo na pobreza, dos quais 24,7 milhões (14,6%) na miséria, na indigência. Mais ainda revoltante: metade, ou seja, 15% da população infantil de 0 a 14 anos, é pobre ou indigente, conforme integre famílias pobres ou indigentes (Ipea.IBGE.Pnad./2001).

Nesta conjuntura, se oito em cada dez crianças brasileiras abandonam a escola, antes mesmo da complementação do ensino fundamental, "a priori" pode-se pressentir a continuidade da pobreza e da indigência de pelo menos 40% da população, nas próximas duas décadas, pela insuficiência de escolaridade, de capacitação laboral, e, conseqüentemente, de renda, conforme observa José Márcio Camargo, PUC/RJ, 27.09.2002.

A verdade é que este quadro atual abala a soberania do país, sua autoridade moral, interna e externa. Conduz ao dilaceramento do seu tecido social e à exacerbação da violência urbana. Esta projeção solapa a estrutura do país, subverte seus valores humanos, prejudica seu futuro no concerto das nações desenvolvidas, pelo abandono do seu Patrimônio Primordial, seu futuro verdadeiro – a CRIANÇA.

Ao País impõe-se uma Política Nacional da Criança, com a prioritária e efetiva implantação dos dispositivos constitucionais – CF 1988, art. 227. Mas, neste enfoque, é essencial que se considere a CRIANÇA como SUJEITO DE DIREITO – o verdadeiro titular do direito do menor – sobrepondo-se este direito a qualquer outro, sobretudo porque o seu exercício não pode ser defendido pelo sujeito ele próprio. No caso, AO DIREITO SUBJETIVO DO MENOR CONTRAPÕE-SE O DEVER JURÍDICO DE SEU RESPONSÁVEL de prover para a integral satisfação deste direito.

Garantir à criança o exercício pleno de seus direitos é dever dos pais, do Estado, da Igreja, da sociedade e de toda a humanidade, respeitadas as leis eternas da natureza.

É nosso dever, portanto, nesta obra, demonstrar que isto é possível. E que nossa consciência não nos falhe!

Criança Objeto de Direito

A Progressão da Agonia da Criança Brasileira Rejeitada em Cinco Séculos

Século XV

A criança brasileira pode ter sido objeto da caridade cristã dos reis de Portugal projetada no dever de assistência aos menores abandonados, ao que se imagina, desde o **apossamento da Colônia**. Contudo agravou-se esta situação de abandono, porquanto no **século XVII** a Metrópole deixara à Colônia a responsabilidade de prover a salvação daqueles inocentes.

Desde então teve início o **aniquilamento da criança brasileira**, a despeito dos alertas, das declarações de autoridades constituídas, das campanhas, das orações, de tudo o mais que deve ter sido dito e escrito sobre a premente necessidade de se assistir ao menor.

Ao que se sabe, já no **século XVIII** o percentual de abandono de crianças recém-nascidas de pais livres, ou seja, não filhas de escravos, era de cerca de 10%, em um percentual de nascimentos ilegítimos de 40% em média.[1]

Em função deste fato, introduziu-se no Brasil, importado da Europa, um mecanismo de recolhimento de recém-nascidos rejeitados que satisfazia a duas reais necessidades da época: manter o anonimato do abandono, fosse por pobreza, fosse por ser a mãe solteira: e evitar que jogassem os bebês, como até hoje vem ocorrendo, no lixo, nos matagais, nas ruas...

1. MARCÍLIO, Maria Luiza – "A Criança na História da População Brasileira", CEDHAL, Universidade de São Paulo, 1998.

O engenho era a **Roda dos Expostos**. Instalada na porta das instituições de acolhimento, os recém-nascidos eram nela depositados e, com o giro da roda sobre o eixo, saíam da esfera do direito de quem os enjeitou e adentravam a esfera do direito de quem os acolheu. Após o que, recebidos um número e a unção do batismo, tinham traçados os seus destinos: a **morte** ou a **institucionalização.**

Morria um grande número deles logo após o abandono, pela situação de carência de condições de higiene, de recursos e de verdadeiro interesse das instituições. E aqueles que sobreviviam pelo processo de seleção natural, uma vez institucionalizados, também morriam, lentamente, durante toda a vida, como plantas arrancadas de sua terra, crescendo para novas etapas – a **marginalização**, a **delinqüência**, a **criminalidade**... Era, e ainda é, um destino inexorável.

No ambiente institucional, esse apagar lento vem da exacerbação das vivências mais radicais de solidão envolvendo qualquer ser humano: o parto – que separa o feto do útero – e o desmame – que separa o bebê do seio materno. Em sendo malfeito, o desmame, leva o adulto ao alcoolismo por carência materna.[2]

Do ponto de vista das partes direta ou indiretamente interessadas nesta forma de recolhimento, o problema se via equacionado. Era a política do avestruz. Fazia-se o bem. Salvavam-se as eventuais honras maculadas. Acolhia-se a criança, mantinha-se o anonimato do abandono, respeitava-se a lei de Deus sobre a vida e, sobretudo, aplacavam-se as consciências dos ricos benfeitores dessas instituições. Quanto ao interesse da criança em si... Deus haveria de prover nos próximos séculos.

A partir daí acelerou-se o surgimento das obras humanitárias – os asilos de recém-nascidos abandonados – pois,

2. DOLTO, Françoise – "Solidão", Martins Fontes, 1998.

na época, ainda era incomum o abandono de crianças maiores. Dessas obras humanitárias, a primeira de que se tem notícia é a **Fundação Romão Duarte.**

No **século XIX**, sempre segundo dizem as estatísticas, o percentual de abandono de recém-nascidos não filhos de escravos chegava a 16%, na média de 45% de nascimentos ilegítimos.[3]

Contudo, a realidade miserável da criança brasileira não mais se restringia ao abandono logo após o nascimento. Alcançara sobretudo os menores crescidos vagando pelas ruas, dormindo nas calçadas, famintos, carentes de tudo – e em cujo destino jamais se pensou, embora sua proteção viesse a ser a tônica constante dos discursos os mais acalorados. Mas como os atos existem sempre dissociados das palavras, eis que teve início o processo de formação da realidade hoje conhecida como os **Meninos de Rua** – personagens de livros e filmes, sempre morrendo no palco da vida de outrem.

Século XX

O **século XX**, como conseqüência, trouxe a primeira lei especial em defesa do direito do menor já delinqüente, cujos crimes e contravenções eram então processados e julgados pela justiça comum e de acordo com a legislação comum. Por essa Lei nº 4,242, de 05/01/1921, regulamentada pelo Decreto 16,272/1923, criou-se o **Juízo Privativo do Menor**, estabeleceram-se penas especiais e substituiu-se a prisão nos cárceres comuns pela internação nas "**Escolas de Reforma**".

Mas na ausência de tais escolas, os menores continuaram a ser recolhidos a cubículos comuns da Casa de Deten-

3. MARCÍLIO, Maria Luiza – "A Criança na História da População Brasileira", CEDHAL, Universidade de São Paulo, 1998.

ção, em promiscuidade com criminosos adultos, reincidentes e perversos (O GLOBO-01/10/1925).

Pior ainda, essa lei, quando aplicada ao caso concreto, exacerbava a situação angustiante dos menores. Embora criada justamente para proteger a infância delinqüente, exigia uma série de providências complementares necessárias à sua aplicação e que não foram implantadas. Eis que o menor, jamais considerado sujeito de direito, veio a ter o seu direito violado pela própria lei que, na sua criação e na sua aplicação, continuou não levando em conta o interesse da criança.

Mas o **século XX** também constatou a realidade imoral dos **Meninos de Rua, menores de 10 a 17 anos**, levados à delinqüência pela total e perene omissão dos governos, das elites dirigentes, da Igreja, das autoridades incapazes de estancar este mar de desesperança, por falta absoluta de visão de futuro. Que se façam leis, que se divulguem os dogmas divinos, mas que se respeitem os interesses da criança – que ela é o futuro.

Nos meses de **outubro**, certamente em função das comemorações do **Dia da Criança**, há cinco séculos soam vozes veementes contra a situação degradante dos menores brasileiros. Uma espécie de **despertar anual das consciências**.

Missas são rezadas: "Aviso da Câmara Eclesiástica do Arcebispado de São Sebastião do Rio de Janeiro: **Para que ao Dia das Crianças**, a ser festejado, por decreto do Governo Federal, em 12 de outubro, **não falte a nota religiosa e sobrenatural**, o Sr. Arcebispo-Coadjutor recomenda aos Senhores Vigários que promovam missa de comunhão geral, autorizando desde já a celebração do Santo Sacrifício à porta da Igreja ou em outro lugar conveniente, se assim lhes parecer oportuno. Em 2 de outubro de 1925 – Cônego Francisco de A. Caruso, Secretário do Arcebispado"(O Globo – 02.10.1925).

Discursos e proposições de medidas sacodem o **Parlamento**: O Senador Affonso Camargo, na reunião da Comissão de Finanças do Senado, em 2 de outubro de 1925, apresentou um longo substitutivo ao projeto que cria o Código de Menores, "**tendo em vista dar solução prompta a um assumpto digno da melhor attenção dos poderes públicos**".

Propôs o Senador, na ocasião, "em face da **completa promiscuidade** encontrada nos **internatos para menores**, medidas inadiáveis com vistas a **trazer para o convívio social menores transviados ou abandonados** que amanhã, em vez de perniciosos à sociedade, constituirão novos valores que a Nação adquirirá para o seu engrandecimento"(O Globo – 02.10.1925).

Brinquedos e agasalhos são distribuídos aos pobres. **Festas e comemorações** são promovidas: "O Conselho de Assistência e Proteção aos Menores informa que, pelo Dia da Criança, **numerosos cinemas da cidade** darão, no próximo dia 12, **sessões gratuitas para os pequeninos**. O movimento de celebração da data já se estende por todo o paiz. A Rádio Sociedade do Rio de Janeiro vae irradiar várias recitações e comédias infantis. **Tomarão parte várias crianças da nossa melhor sociedade**. Governadores de todos os Estados promoverão festas solenizando o Dia da Criança" (O Globo – 02.10.1925).

Fundos são doados à causa da infância através de campanhas financeiras. Políticas de Assistência são revistas após infindáveis reuniões. Juízes de Menores deploram a realidade miserável de milhares de crianças: "O novo Juiz de Menores, Sabóia Lima, deplora que no Rio ainda vivam na miséria milhares de crianças."

Adianta o magistrado menorista que "é imperioso um programa integrado, de autoridades e povo, para assistir a infância abandonada, sob pena de eclosão de graves problemas sociais em futuro próximo" (O Globo – 06.10.1936).

E o menor continua desassistido!!! E gravíssimos problemas sociais já eclodiram!!! O que na verdade se vem fazendo no Brasil, nestes cinco séculos, nada mais é do que defender o direito da Nação, da sociedade em si, de afastar de seu seio, de seu convívio, elementos que foram abandonados e levados a delinqüir por ação ou omissão desta mesma Nação, desta mesma sociedade. **O menor aí é o objeto deste direito.**

Embora subsista a necessidade de assistir ao menor, afastando-o da promiscuidade nas instituições, jamais se cogitou de resolver o problema atacando-lhe as raízes profundamente, evitando que a criança seja efetivamente abandonada e institucionalizada. Neste sentido, fomos incapazes de mudar os fatos. Nem mesmo fomos capazes de mudar o discurso. Falta sempre a visão de futuro.

Código de Menores de 1927

Trouxe ainda este século, em 1924, a Declaração de Genebra sobre os Direitos da Criança, cujos princípios não repercutiram na redação do **Código de Menores de 1927**, o primeiro no Brasil e na América Latina.

O Código consolidou toda a legislação sobre crianças emanada por Portugal, pelo Império e pela República. Legislava sobre crianças de 0 a 18 anos, órfãos ou em estado de abandono, com pais presumidos ausentes. Garantia o Código, outrossim, o segredo de justiça e o completo sigilo sobre as condições do abandono da criança.

Cabia aos juízes plenos poderes para decidir sobre o destino, qualquer que fosse, do objeto do abandono. O Código consagrou a **inimputabilidade criminal do menor de 18 anos**, até hoje em vigor – após regulamentação, abrigando o que se convencionou chamar "**Doutrina do Direito do Menor**".

Lamentável que foi, trouxe igualmente este século, em **1942**, a criação do Serviço de Assistência ao Menor – **SAM**, cujo **modelo de atendimento** ao **adolescente infrator** era do tipo **correcional-repressivo**. Suas unidades de reclusão conhecidas por: "**universidade do crime**", "**sucursal do inferno**"!!

O SAM transformou a criança em objeto de maus tratos, nela gerando o sentimento de revolta e projetando seu futuro nos atuais presídios do sistema penitenciário brasileiro. Transformou o menor delinqüente em adulto criminoso. O desespero do menor extrapolou os muros das instituições e alcançou a consciência da Nação e mais diretamente a sua segurança.

Revolução de 1964

Conseqüentemente, decidiram as autoridades, em **1964**, pela formulação de uma Política Nacional do Bem-Estar do Menor (PNBEM), na busca de amplo reordenamento institucional, com a criação da **Fundação Nacional do Bem-Estar do Menor – FUNABEM**, responsável pela coordenação da nova política.

Constatou-se que fracassou a PNBEM, quanto à melhoria das formas de atenção direta ao adolescente infrator, e que a FUNABEM manteve o **mesmo padrão correcional-repressivo** do SAM, consideravelmente perverso, destoando de sua finalidade de prevenir a marginalização do menor e de lhe oferecer oportunidades de promoção social.

Note-se que a FUNABEM e as FEBEMs estaduais foram concebidas após a **Revolução de 64**, como parte de ampla reforma institucional. A **questão do menor** passou a ser **tratada** no âmbito da **Doutrina de Segurança Nacional**, saindo da esfera de competência do Poder Judiciário e adentrando diretamente a esfera de competência do Poder Executivo.

Como efeito da situação institucional do país, a educação das crianças e adolescentes nessas instituições passou a caminhar segundo os **preceitos do militarismo**, com ênfase na **segurança**, na **disciplina** e na **obediência**.

Desde então, com a universalização do problema da criança, veio se impondo o controle exercido pelos organismos internacionais. São diversas ONGs atuando como consciente coletivo, no que tange às atrocidades cometidas em nome da proteção ao menor, atingindo desta forma o brio dos países que descuram e violam os direitos de suas crianças.

No contexto desses países, considere-se que o Brasil jamais sofreu o flagelo das guerras, nem tem sido palco de grandes intempéries – apenas a seca e a inundação, fenômenos cíclicos perfeitamente planejáveis, quando se trata de minimizar os efeitos deletérios de seu impacto.

Código de Menores de 1979

Por ocasião do **Ano Internacional da Criança**, ainda que nada de positivo se tenha feito pela infância neste país, instituiu-se, através da Lei 6.697, de 1º de outubro de **1979**, o **Código de Menores**, que integrou o ordenamento jurídico já sem atender à nossa realidade social.[4] Mais para adiante ficou então a perspectiva de verdadeiramente pôr um fim à angústia do menor brasileiro, livrando-o do estigma do abandono.

O novo Código abrigava a **Doutrina da Situação Irregular do Menor**. A criança só seria objeto dos cuidados do Código, a partir do momento em que se configurasse estar ela em "situação irregular" na família – privada das condições essenciais de sobrevivência. Na sua redação final, não influíram os princípios da Declaração sobre os Direitos

4. NOGUEIRA, Paulo Lúcio – "Comentários ao Código de Menores", 1988 e "Estatuto da Criança e do Adolescente Comentado", Saraiva, 1991.

da Criança, adotada pela ONU em 20 de novembro de 1959.

Como a solução do problema do menor está na consciência do adulto, repita-se que ao direito da criança se contrapõe o dever jurídico do adulto de prover para o pleno exercício deste direito pelo seu titular, pelo seu sujeito – o menor. Ao se negar continuamente este enfoque ao problema, está-se, por ação ou omissão, perpetuando o aniquilamento da criança, impedindo a prática conjunta de atos que reverterão este processo, na busca de salvar o menor e por via de conseqüência o futuro, o patrimônio primordial do país.

É por isto que, no ano do Senhor de **1985**, o Brasil carregava em sua consciência, conforme **estimativas** da **FUNABEM/FEBEM**, a realidade alarmante de 36 milhões de menores carentes, dos quais 7 milhões em total abandono.

Como ilustração desta barbárie, no universo populacional de 134,5 milhões, eis o quadro:

Menores de 0 a 19 anos – 63 milhões – 47% da população.

Menores carentes – 36 milhões – 57% do total de menores.

Menores abandonados – 7 milhões – 20% do total de carentes.

Menores internados na FUNABEM – 427 mil – 60% do total dos abandonados.

Menores infratores sob a guarda da FUNABEM – 14 mil – 3% do total dos "atendidos" pela FUNABEM.

Isto visto, sabido, reconhecido, embora não conscientizado, é uma imoralidade que, EM TEMPOS DE PAZ, em cada 10 menores brasileiros, 6 sejam carentes e 1 abandonado.

Em **1987**, com população de 141,5 milhões, o Brasil apresentou 4.1 milhões de nascimentos, 20% dos quais óbitos nos primeiros anos de vida e 25% sobreviventes na faixa da desnutrição branda, moderada ou aguda.

O quadro alarmante de 1985 permanece como um desafio a que se calem as vozes contra a aplicação de métodos contraceptivos no controle ou no planejamento da prole, cuja finalidade primeira é evitar a transformação da superpopulação de menores carentes em menores infratores e inexoravelmente em adultos criminosos.

Vozes essas desde sempre afirmando que "**a queda da natalidade no Brasil deixará imensas áreas livres alvos de povos estrangeiros**" (Cardeal Vicente Scherer, coluna "A Voz do Pastor", O Globo, 20.06.1989). Vozes essas há séculos penalizando o menor, consentindo na sua marginalização – estágio primeiro do processo que fatalmente levará o país à desordem social.

Constituição Federal de 1988

Promulgada a **Constituição Federal em 5 de outubro de 1988**, deu-se o reordenamento jurídico global do país. No que tange diretamente ao bem-estar da criança e do adolescente, o **Artigo 227** os coloca sob a proteção e responsabilidade da família, da sociedade e do Estado, como prioridade absoluta.

Não obstante constar de disposição constitucional, o direito das crianças e adolescentes é desrespeitado de forma cabal.

Por estudos feitos em 1989, com pertinência ao **estigma do abandono,** observou-se, numa população de internos da Colônia Juliano Moreira – instituição para pacientes psiquiátricos crônicos – que 3.1% (55 pacientes) eram oriundos diretos de uma instituição para menores carentes (FUNABEM), sem qualquer contexto psiquiátrico que justificasse sua internação *AD VITA,* correndo, portanto, o risco de uma das formas mais graves de psiquiatrização. De forma ignóbil, lhes foi negada uma chance efetiva de vida em família ou na comunidade – direito constitucional albergado no Artigo 227 da Constituição de 1988 (Lima, Lucia Abelha, Escola Nacional de Saúde Pública, Rio de Janeiro, 1993).

O texto constitucional também reconhece o direito da criança e do adolescente, pela via indireta do **Parágrafo 7º, do Artigo 226**, que dispõe sobre o planejamento familiar, com respaldo nos princípios da dignidade da pessoa humana e da paternidade responsável. Mas este direito só foi reconhecido sete anos depois, através da Lei nº 9.263, de 12 de janeiro de 1996, que regulamentou o Parágrafo 7º, garantindo, à mulher, ao homem e ao casal, direitos iguais de controle da fecundidade, através do acesso a meios contraceptivos.

Estatuto da Criança e do Adolescente – ECA – 1990

Por seu turno, o **Artigo 227** da Constituição Federal foi regulamentado pela Lei nº 8.069/**1990** – **Estatuto da Criança e do Adolescente – ECA**. A promulgação do ECA, **em consonância** com as diretrizes aprovadas na **Convenção Internacional dos Direitos da Criança**, em 20 de novembro de 1989, levou o país a adotar a **Doutrina da Proteção Integral**, com relação às políticas jurídico-sócio-educativas, em substituição à Doutrina da Situação Irregular, base do Código de Menores de 1979.

O ECA trouxe em seu bojo o reordenamento jurídico-institucional para o trato das questões da criança e do adolescente. Limitou o exercício da autoridade do Estado, do Juiz, da Polícia e até mesmo da família.

E ao fim de uma década, o que vemos são crianças morando na rua, mendigando, furtando, cheirando cola, assaltando – objeto que são da indiferença, do medo, da negligência de todos os setores da sociedade. Crianças sem chances de exercer seus direitos à educação, à saúde, ao lazer; **sem chances de alcançar** a tão propalada **CIDADANIA**.

E ao fim de uma década, o que vemos é a criança menor de 12 anos e o adolescente de 14 a 18 anos partícipes ativos do crime organizado, do tráfico de entorpecentes, em função da impunidade referente à faixa etária, que os coloca a salvo da responsabilidade penal (18 anos).

E ao fim de uma década, o que vemos é a inadequação dos equipamentos e espaços físicos das unidades de atendimento, com superlotação dos estabelecimentos especializados e conseqüentes rebeliões com evasão em massa de internos.

É de se lamentar que o ECA, em mais de uma década, não tenha tido o condão de evitar a transformação do contingente de crianças carentes em adolescentes infratores e inexoravelmente em adultos criminosos do sistema penitenciário nacional.

Mas essas crianças e adolescentes à margem da sociedade têm atuado, desde há muito, como **personagens de livros e filmes famosos**, levantando bilheterias milionárias, sempre morrendo no palco da vida de outrem.

Que apoio lhes pode o ECA oferecer? Um abrigo sem maltratos? Um acolhimento com dignidade, do qual não fujam em desespero? Ou um reformatório tipo "escola do crime"?

Não obstante as mudanças favoráveis, urge pôr em prática a efetiva melhoria preconizada pelo ECA quanto às formas de atenção direta, às medidas sócio-educativas (educação, saúde física e mental, lazer, cultura) – garantia dos direitos da criança e do adolescente.

E mais do que tudo, levando em conta a fundamental capacitação dos recursos humanos, por meio da formação adequada (aspectos psicológicos e sobretudo éticos) de agentes públicos integrantes do sistema de atendimento ao adolescente infrator – ainda hoje desumano.

Persistindo o mesmo grau de inação, de omissão e de interesses secundários da elite pensante, legiferante e governante; perdurando a deplorável política do avestruz, no lugar da política realística de enfrentamento dos fatos; e considerando-se a **população de 170 milhões (IBGE – Censo 2000)** – prevê-se o aniquilamento do futuro do país pelo aniquilamento de suas crianças e pela instalação da violência e desordem social, a exemplo da África, América Latina e Oriente Médio, com o agravante de que o Brasil está, como sempre esteve, afastado do flagelo das guerras.

O Século XXI

O que nos diz? O que nos traz? Ao que nos leva? O Brasil entrou no novo milênio com significativas melhoras nos indicadores sociais. De **1991 a 2000**, houve a maior redução (38%) da taxa de mortalidade infantil – de 45,3 óbitos por mil nascidos vivos para 29,6 –; o índice de analfabetismo teve queda de 19,7% para 12,8%, mas o país ainda ostenta 17,6 milhões de analfabetos.

Na década, houve aumento da renda média, da escolaridade, da expectativa de vida, mas são dados insuficientes para reduzir um dos problemas mais graves do país: a desigualdade na distribuição da riqueza, provocando aumento da violência urbana, especialmente da morte violenta de jovens entre 15 e 19 anos.

Chega a ser um tanto risível: "CENA CARIOCA – Segunda-feira, dois meninos armados invadiram um ônibus frescão que liga o Aeroporto do Galeão à Zona Sul do Rio de Janeiro e assaltaram os turistas passageiros. Um casal de americanos que passaria férias na cidade voltou quase que no mesmo instante. Embarcou de volta no dia seguinte. Nem queixa à polícia deu. Só não voltou antes por falta de vôo" (Coluna Ancelmo Gois, O GLOBO, 12.09.2002).

Eis que a perplexidade nos envolve: "CLASSIFICADOS - Acredite. O tráfico da favela Júlio Otoni, em Santa Teresa, no Rio, está oferecendo "estágio" para jovens a partir de 15 anos. Cartazes no morro anunciam o "trabalho pra cabra macho", que exige "dedicação integral", com salário de R$ 40 por dia e "treinamento com armas pesadas". Meu Deus..." (Coluna Ancelmo Gois, O GLOBO, 29.09.2002).

"O número de mortes de menores de 18 anos por armas de fogo no período de 1987 a 2001 foi oito vezes maior na cidade do Rio de Janeiro do que na guerra entre Israel e Palestina. Enquanto no conflito do Oriente Médio morreram 467 menores, no Rio de Janeiro, 3.937 crianças e adolescentes engrossaram as estatísticas de assassinato por arma de fogo.

Os dados são da pesquisa: Crianças combatentes em violência armada organizada - um estudo de menores envolvidos nas disputas territoriais das facções de drogas no Rio de Janeiro - Instituto Superior de Estudos da Religião, com apoio do Viva Rio, e coordenação do antropólogo Luke Dowdney, estimando em mais de 5 mil as crianças combatentes no Rio" (O GLOBO, 09.09.2002).

É o paradoxo brasileiro. As desigualdades persistem como o desafio das próximas décadas. Para enfrentá-lo, urge o despertar das consciências e das vontades. **A INJUSTIÇA REPUGNA A CONSCIÊNCIA!!!**

No lento desenrolar dos fatos que povoam o cotidiano brasileiro, tomamos conhecimento de que "internados em instituições de recuperação do estado (Centro de Recursos Integrados de Atendimento ao Menor - CRIAM), menores infratores já não mais estão sujeitos ao ECA, mas ao código de normas do crime organizado, impondo regras de convivência nas unidades de regime fechado e semi-aberto, onde atualmente são atendidos cerca de 1300 menores" (O GLOBO - 01.04.2001).

Essas normas (divisão dos internos por grupos) seriam impostas pelas quatro facções criminosas do estado e ao que parece com o conhecimento e conivência dos próprios funcionários, sugerindo ligações das instituições com a criminalidade externa.

Tal separação, oriunda do sistema penitenciário e **instalada em maio de 2000** nas unidades para menores, no entender do Dr. Guaraci Vianna, juiz titular da 2ª Vara da Infância e da Adolescência, **"é uma distorção e tem que ser coibida, apesar de não termos fórmulas mágicas que garantam a inibição dessa prática" (O GLOBO: 01.04.2001).**

"O sistema de recuperação dos menores infratores no estado não funciona e se torna um estágio para os presídios" (Presidente da ONG Projeto Uerê, Yvone Bezerra de Melo, O GLOBO, 01.04.2001).

O sistema abriga cerca de 3.700 jovens, cumprindo medidas sócio-educativas de no máximo 3 anos. A grande maioria (70%) chega às unidades com acusação de tráfico de drogas, 10% por roubo e 20% outros delitos.

CRIME ATRAI CADA VEZ MAIS MENORES DE 12 ANOS. De agosto de 2001 até o fim de abril de 2002, foram registradas na Divisão de Proteção à Criança e ao Adolescente(DPCA) 307 ocorrências envolvendo menores de 12 anos. Entre janeiro e abril de 2002, foram 163 contra 144 entre agosto e dezembro de 2001.

Ontem, a polícia deteve quatro menores – Mancha, de 17 anos; Duti, de 14; Y, de 13, que está grávida de Mancha, e Repolho, de 11 – todos suspeitos de pertencerem ao bando de um menor conhecido como Queimadinho. O grupo é acusado de roubos, furtos em residências e arrombamento de carros em Botafogo.

A delegada do DPCA informa que eles confirmaram as acusações. O dinheiro conseguido com a venda dos produtos roubados era usado para comprar comida, maconha, cocaína e tíner (removedor de tinta). Com um mandado de busca e apreensão, os policiais procuram o chefe do bando – Queimadinho – que estaria numa favela fora de Botafogo, onde vive há um ano, desde que deixou a Favela de Vigário Geral.

Repolho, de 11 anos, contou à delegada que já arrombou cerca de 15 carros no estacionamento sob o viaduto. Ele foi encaminhado ao Serviço de Orientação do Juizado de Menores. Mancha, de 17 anos, que portava uma chave especial para arrombar veículos, levado para o Instituto Padre Severino, na Ilha do Governador. A menina Y, de 13, e Duti, de 14, irão para um abrigo de menores (O GLOBO, 07.05.2002).

"O Promotor Márcio Mothé, da 2ª Vara da Infância e da Juventude, lamentando, esclarece que a apreensão de integrantes de uma quadrilha de assaltantes mirins que agia em Botafogo traz à tona a necessidade de se criar uma política de atendimento da criança infratora no Rio de Janeiro, o que não existe atualmente.

Outrossim, explica que o Estatuto da Criança e do Adolescente (ECA) proíbe que menores de 12 anos sejam processados e julgados. Eles são apenas submetidos a medidas sociais aplicadas por Conselhos Tutelares, vinculados ao Conselho Municipal de Direitos da Criança e do Adolescente. Mesmo assaltante, homicida ou traficante, a criança não pode ser punida nem internada.

A questão merece atenção especial das autoridades por causa do clima de insegurança e da insatisfação crescente na sociedade. Se não forem criados novos conselhos tutelares e abrigos especializados no atendimento de menores infratores, prevê que tragédias poderão ocorrer" (O GLOBO, 07.05.2002).

Século XXI. Ano do Senhor de 2002. Esta é a realidade!! Como se previa, está em curso a penúltima etapa da trajetória do aniquilamento da criança rejeitada, abandonada e abortada em vida.

O menor infrator caminha ao encontro do adulto criminoso. Seu destino outrora traçado pela lei de Deus, pela lei do homem e, conseqüentemente, até pela herança criminosa, nutrida pela completa exclusão social disseminada desde o lamentável período colonial.

Há no Brasil gerações envolvidas com o crime. Conforme pesquisa do DESIPE, 6% dos detentos – entre setembro de 1999 e julho de 2000 – são filhos de presidiários. Internos homens (21%) e mulheres (40%) possuem familiares presos.

A maioria de população carcerária não tem boa instrução – mais de 10% são analfabetos – é desmotivada na busca de emprego e vulnerável a exemplos nocivos na família.

Para o sociólogo Ignácio Cano, a transmissão da herança criminosa para os filhos explica-se em parte pelas condições sociais de vida das famílias, que, se permanecem inalteradas, perpetuam o processo.

Isto só não ocorre em face da elevada taxa de mortalidade. Filhos de traficantes, principalmente, acabam sendo criados pelas mães e raramente conhecem os pais, a exemplo de W., de 19 anos, internado por roubo na Escola João Luiz Alves. Seu pai esteve detido no Presídio da Ilha Grande, o irmão mais velho seguiu o mesmo caminho e hoje está preso por tráfico.

W. conta que começou a roubar, aos 11 anos, para ajudar a mãe e porque os meninos mais velhos também lhe roubavam o dinheiro conseguido com a venda de balas. Quando soube, a mãe o ameaçou abandonar, caso fosse internado ou preso (O GLOBO, 07.10.2001).

O perfil dos integrantes do sistema penitenciário no mesmo período: a maioria teve infância pobre e violenta. Muitos sofreram maus-tratos: 16% de 870 homens e 26% de 80 mulheres que responderam à pesquisa. Sofreram abuso ou violência sexual praticada por algum parente. Tiveram familiares também presidiários.

Conviveram com parentes dependentes de álcool e outras drogas: 38% (homens) e 45% (mulheres). Baixa escolaridade: 55% – trabalho antes de 18 anos; 46,3% – abandono do estudo antes da 4ª série do ensino fundamental.

Não freqüentaram a escola: 10% (mulheres) e 5% (homens). Não sabiam ler ou escrever ao ingressarem no sistema penitenciário. Criação paterna e materna: 58%; só materna: 24% (homens) e 30% (mulheres). Revelaram relações familiares bastante complicadas (O GLOBO, 07.10.2001).

Eis que são jovens infratores que não conseguem chegar à maioridade, muito menos à cidadania. Entre 1999 e junho de 2001, 20% deles tiveram morte prematura, no estado do Rio de Janeiro.

Dados do Instituto Médico-Legal e da 2ª Vara da Infância e da Juventude mostram que, das 720 vítimas de mortes violentas (tiros e facadas), neste período, 143 tiveram passagem pela 2ª Vara, envolvidas em crimes como tráfico, roubo e lesão corporal.

Segundo cálculos do juiz Guaraci Vianna, feitos com base nos dados colhidos mensalmente nos IMLs do Rio e de Nova Iguaçu, a vida útil de um menor no crime não chega a quatro anos.

Entre os casos que chamam a atenção nas estatísticas do juizado está o de um adolescente de 17 anos, morto a tiros em junho deste ano. Entre 1997 e 2000, ele passou dez vezes pela 2ª Vara: quatro vezes por roubo com uso de arma, quatro por lesão corporal dolosa, uma por tráfico e outra por atentado violento ao pudor (O GLOBO, 07.10.2001).

O promotor Márcio Mothé, da 2ª Vara da Infância e da Juventude, atribui as mortes de menores envolvidos com o crime à alta taxa de evasão dos jovens dos CRIAMs, onde cumprem regime semi-aberto: Os Criams são verdadeiros queijos suíços. A evasão chega aos 90%. À medida que eles fogem, aumentam a reincidência e as chances de morte (O GLOBO, 07.10.2001).

A estatística da Justiça não traduz o drama de uma dona-de-casa que mora em uma casa de quatro cômodos, na comunidade do Sossego, em Nova Iguaçu. Na semana passada, ela perdeu o irmão em uma chacina no campo de futebol da favela. Aos 32 anos, mãe de cinco filhos, todos com menos de 6 anos, ela não sabe explicar o motivo do crime – segundo vizinhos, o rapaz, já maior de idade, aos 21 anos, estaria envolvido com o tráfico. Mas ela estranhava o comportamento do irmão, que só estudou até a 5ª série e, desde os 15 anos, passava os dias sem rumo pela favela, não se abria com a família: "nós não sabíamos se estava envolvido com o crime" (O GLOBO, 07.10.2001).

"Um país se constrói com homens e livros."
Monteiro Lobato

Onde o livro é de difícil acesso e à criança se lhe nega a oportunidade de alcançar a cidadania como homem adulto e livre – qualquer construção é sofisma.

Trajetória do Infortunio da Criança Rejeitada
– Fatos Concretos –

Crianças Abandonadas Encontradas Mortas

"Morreu uma menina recém-nascida, encontrada num terreno baldio com a cabeça e o rosto cobertos por moscas varejeiras e picadas de insetos. O bebê estava ainda com o cordão umbilical e chorando muito. Os médicos não conseguiram salvá-la" (O Globo – 21.03.1982).

"Esfaqueada cerca de 10 vezes, inclusive na barriga, com um golpe que lhe deixou as vísceras à mostra, uma menina mulata recém-nascida, prematura, de apenas algumas horas de vida, foi abandonada numa caixa de sapatos. Quando foi encontrada, enrolada em um toalha suja, ainda estava ligada à placenta, e foi levada ao hospital, onde não resistiu aos ferimentos e à infecção contraída durante o tempo em que ficou exposta ao sol e à sujeira do terreno baldio" (O Globo – 16.02.1985).

"Por volta das 12 horas de ontem, a estudante EMF, de 15 anos, moradora de Brotas, bairro de classe média de Salvador, Bahia, entrou no banheiro do apartamento onde vive com a família, no 4º andar. A demora prolongada inquietou a mãe, que indagou o porquê, ouvindo como resposta um baque seco. Logo após, a filha, em prantos e com a roupa ensangüentada, saiu do banheiro dizendo: 'tive um filho e joguei pela janela'. O corpo do recém-nascido foi encontrado por crianças que brincavam no *playground* do edifício. O crime foi confirmado pelo pai da menor, logo internada em uma clínica particular. A gravidez não era do conhecimento dos pais, que não detectaram quaisquer sinais de gestação" (O Globo – 20.10.1985).

"Uma menina recém-nascida, com marcas de pancadas na cabeça, foi encontrada estrangulada, ontem pela manhã, num matagal ao lado do Jardim Zoológico. Fez-se registro da ocorrência" (O Globo, 08.09.1986).

"Depois de matar por asfixia o filho que acabara de nascer, a doméstica Joselita dos Santos, 18 anos, colocou o corpo da criança num saco de supermercado e o atirou pela janela do apartamento em que trabalhava, no bairro de Matatu, em Salvador. Durante a gravidez Joselita tomou vários comprimidos para abortar, como confessou à polícia, após ser presa" (O Globo – 19.12.1986).

"A estudante Aparecida Soares, 22 anos, morreu ontem ao dar entrada no hospital, em Volta Redonda, após fazer seu próprio parto, escondida da família. A criança – um menino – também morreu. A moça conseguiu esconder a gravidez, que só foi revelada quando o médico perguntou pela criança. O corpo do recém-nascido foi encontrado de manhã, enrolado em papel, no guarda-roupas do quarto da moça. O legista acredita que o parto tenha sido normal mas que, com a hemorragia provocada pelo corte do cordão umbilical, o bebê veio a morrer. A mãe da estudante disse que não desconfiou da gravidez" (O Globo – 03.07.1988).

"O corpo de um recém-nascido foi encontrado ontem de manhã dentro de uma bolsa de supermercado, num monte de lixo, em Maricá. Segundo o legista, a criança – um menino branco – tinha apenas 15 dias. Foi morto por asfixia e seu corpo jogado ao lixo e incendiado. O fogo queimou os pés e o braço direito" (O Globo – 03.07.1989).

"A menina AS, recém-nascida de um mês, foi atingida por golpes de vassoura desferidos pelo próprio pai. CAC atacou MJS, a mãe, durante discussão em que a mulher o criticou por estar namorando a amante, VSS, na sua frente. São todos analfabetos, desempregados e alcoólatras, e vivem pelas ruas do centro do Rio. A criança agredida morreu na madrugada, mas somente pela manhã a mãe constatou que AS estava sem vida, banhada em sangue. Durante todo o dia de ontem o corpo de AS, coberto por uma manta encardida e em meio a quatro velas acesas por mãos anônimas, foi velado por uma multidão de curiosos. A mãe da criança, que vende balas nas portas do cinema, não tinha dinheiro para o enterro, e estava se locomovendo com dificuldade pois também foi atingida" (O Globo – 27.08.1986).

"Um menino de cor branca, aparentando ter entre dois e três meses, vestindo roupa branca, foi encontrado morto ontem à noite, nas escadarias de um prédio em Copacabana. Aparentemente, não sofreu violência. Ninguém do prédio conhecia o bebê" (O Globo, 11.01.1980).

"Vigia encontra o corpo de uma menina branca de dois meses de idade no incinerador de lixo, em prédio comercial de Niterói. Foi instaurado inquérito" (Jornal do Brasil, 27.08.1980).

"A Polícia paulista prendeu Jesuína Martins dos Santos, de 18 anos, trabalhadora rural bóia-fria, acusada de provocar a morte da filha Raquel, de quatro meses. Jesuína espancou a menina e depois abandonou-a em um depósito de lixo, onde foi encontrada agonizante e picada por insetos. Medicada, acabou morrendo após três dias de sofrimento" (O Globo, 29.11.1983).

"O corpo de uma menina de cerca de nove meses foi encontrado num caminhão de limpeza, emborcado dentro de um saco plástico, no meio do lixo. Abriu-se inquérito" (O Globo, 11.08.1984).

"Alegando ser mãe solteira e não ter condições financeiras de sustentar uma criança, a menor MNS, 16 anos, estrangulou o filho de apenas um ano, num subúrbio de Salvador. A menor foi presa e confessou o crime" (O Globo, 10.08.1985).

"Um recém-nascido branco foi encontrado morto ontem de manhã sob o viaduto Pedro Álvares Cabral, em

Botafogo. Seu corpo foi envolvido em jornal e recolhido ao necrotério. O bebê ainda tinha o cordão umbilical, estava nu e deve ter sido abandonado anteontem à noite" (O Globo, 05.07.1986).

"Um menino branco, com idade de um a três meses, foi encontrado morto ontem pela manhã, no acostamento da Estrada do Joá, em local usado para despejo de lixo. O bebê tinha talco espalhado pelo corpo e não apresentava marcas de violência. Estava envolto em um lençol branco e embrulhado em jornais" (O Globo, 08.11.1987).

"O corpo de um recém-nascido apareceu na madrugada de ontem, na Praia do Pepino, em São Conrado. O bebê deve ter sido jogado ao mar pela mãe, logo após o nascimento, conforme autoridades" (O Globo, 19.08.1988).

"Um bebê de cor branca, de pouco mais de um mês, foi encontrado morto ontem, no lixo, em Jacarepaguá. O bebê estava sem roupa, com um corte no pescoço produzido por facão ou caco de vidro, segundo a perícia" (O Globo, 14.12.1988).

Crianças Abandonadas Resgatadas com Vida

Século XX – Década de 80

Em O Globo, **12.01.1980**: "uma menina branca, com aproximadamente cinco dias de nascida, foi encontrada ontem na **caixa de incêndio** de um edifício em Copacabana. Levada ao hospital, constatou-se que seu estado de saúde era excelente. Ao ser encontrada estava limpa, com curativo do coto umbilical perfeito, bem vestida e agasalhada, indicando que fora muito bem tratada antes de ser abandonada.

A menina foi encaminhada ao Juizado de Menores; logo depois levada à creche do Centro de Triagem e Recepção da FEEM, Fundação Estadual do Menor, onde recebeu o nome provisório de Sofia, permanecendo à disposição do Juizado.

Algumas famílias estão interessadas em adotá-la, mas nenhuma formalizou o pedido, uma vez que a adoção legal só poderá ser decidida pelo Juiz de Menores Campos Neto, que ainda não havia recebido comunicação oficial da FEEM sobre seu abandono. Dr. Campos Neto esclareceu que **aguardará um prazo para atestar o abandono da criança**; ele acha que a **menina poderá ainda ser procurada por sua mãe. Se, passado algum tempo, o bebê não for reclamado, será examinada a possibilidade da adoção.**

Um dos casais interessados tem três filhos, com 19, 17 e 7 anos; a mulher, que não trabalha fora, como não pode mais ter filhos, gostaria de adotar a menina. A família mora em São Conrado, bairro da classe média alta do Rio de Janeiro".

Em O Globo, **15.01.1980**: "Dr. Campos Neto recebeu ontem o primeiro pedido formal de adoção da recém-nascida Sofia: de uma dona de casa de 32 anos, que só tem uma filha e sempre quis ter outros filhos. Tomou conhecimento da existência de Sofia, ao ouvir um apelo da própria mãe da menina, num programa de rádio. Informou que sua família tem poucos recursos, mas nada falta em casa; simpatizou com esta criança, gostaria de adotá-la pois tem muito carinho para lhe dar.

Juiz Campos Neto pretende entregar o encaminhamento do processo de adoção de Sofia ao serviço especial da FUNABEM – Fundação Nacional do Bem-Estar do Menor. **A decisão do Juizado somente será tomada quando forem concluídos os pareceres de psicólogos e assistentes sociais sobre a recém-nascida".**

Em O Globo, **17.01.1980**: "A adoção da menina Sofia só será resolvida dentro de, no mínimo 30 dias, segundo o Juiz de Menores Campos Neto, após a verificação dos laudos da FEEM – que pesquisa a procedência da criança – e da FUNABEM – que examina as condições dos interessados em adotá-la.

Até agora, a única pessoa que formalizou o pedido de adoção foi a dona de casa de 32 anos, mãe de uma menina de 13, que ainda não compareceu à FUNABEM. O bebê, que se supõe ter 11 dias, está na FEEM, e **só poderá ser adotado, depois que o Juiz de Menores declarar seu "estado de abandono", através da conclusão do laudo da FEEM, que pesquisa em delegacias e hospitais a procedência da criança, ao mesmo tempo que elabora um estudo social (dados sobre o motivo de seu abandono pela mãe).**

A outra interessada na adoção de Sofia, residente em São Conrado, 28 anos, casada com um engenheiro, já foi à FEEM, mas não encaminhou nenhum pedido formal de adoção; informa que não desistiu de adotar a menina e acha que teria melhores condições financeiras do que a outra candidata"...... E assim segue a história de Sofia......

Em O Globo, **22.02.1980**: "A feirante Eliete de Sousa, 18 anos, acusada de abandonar, no último dia 13, o filho de dois meses – Anderson – num **matagal** do subúrbio de Nova Iguaçu, visitou ontem a criança na enfermaria do Hospital Sousa Aguiar. Negou ter confessado na delegacia que abandonara o bebê e disse que o quer de volta.

O menino foi **achado nu, mordido de formigas, com sintomas de desidratação e apresentando queimaduras de primeiro grau causadas pelo sol**. Eliete contou que deixou a criança, dia 12, na casa da tia do seu ex-companheiro, 'por uns dias', para trabalhar na feira; que ao voltar, dia 18, soube que o menino fora achado num matagal e levado para a delegacia.

Ela acusou os policiais de pretenderem transformá-la 'numa criminosa, mãe desnaturada'. Na companhia da mãe e da irmã, Eliete chegou ao hospital com sua filha Teresa, de um ano, nos braços. Mostrava a filha bem cuidada como prova de que 'jamais abandonaria um filho no mato'.

Acusou o ex-companheiro e a tia dele pelo abandono. Ao negar ter confessado na delegacia que abandonara a criança no matagal, Eliete disse: 'falei o que quiseram que eu falasse na delegacia, porque estava muito nervosa'. Ninguém vai ficar com o menino. Eu o quero de volta".

Em O Globo, **12.03.1980**: "Um recém-nascido com poucas horas de vida foi abandonado, na madrugada de ontem, em frente a uma escola do subúrbio de Nova Iguaçu. A diretora da escola encontrou-o, pequeno e magro, enrolado num pano branco. O bebê foi levado pela polícia ao hospital, onde os médicos constataram que ele ainda estava com o cordão umbilical, devendo ter sido abandonado assim que nasceu. Lamentando, a diretora da escola lembrou que a pobreza lá era muito grande e que **a mãe, sem ter condições de criar o filho, optara pelo abandono"**.

Em O Globo, **13.04.1980**: "Uma menina de cerca de oito meses foi abandonada, ontem de manhã, pelos pais, à porta de um edifício em Copacabana. A cena foi presenciada pelo faxineiro do prédio, que disse conhecer os pais da criança que, acompanhados de duas meninas, aparentando 10 e 5 anos, depois de abandonarem o bebê, afastaram-se calmamente, um para cada lado. A polícia, chamada, levou a criança para a Escola Romão Duarte, em Botafogo.

Testemunhas disseram que o homem gritava que não tinha obrigação de dar dinheiro para a criança e que o problema era da mulher. A mulher então tirou o bebê do colo da menina maior e o deixou no chão. A garota ainda tentou pegar a criança, mas a mulher não deixou. E começou a gritar: 'se você não quer cuidar da tua filha, não sou eu quem vai cuidar'. O pai da criança trabalha numa loja em Copacabana e a mãe é empregada doméstica no mesmo bairro. A menina parecia bem tratada".

Em O Globo, **16.04.1980**: "O Juiz Campos Neto recebeu ontem ofício da Fundação Romão Duarte comunicando o abandono da menina. E disse que vai tentar **apurar os nomes dos pais; enquanto isto, ela continuará na Fundação. Se os pais alegarem falta de condições financeiras, ela irá para a FEEM.** Até ontem ninguém havia procurado a menina, que foi chamada de Inês, e está com tosse e sarna.

Na Fundação Romão Duarte, há atualmente 250 crianças de até 12 anos, idade em que geralmente elas são transferidas para outra instituição. **As freiras informaram que é pequeno o número de adoções e grande o número de crianças que chegam todos os dias**. Pertencente à Santa Casa, a Fundação mantém uma escola de primeiro grau e alguns cursos profissionalizantes".

Em O Globo, **26.04.1980**: "O menino de dois meses, encontrado dia 24 na Barra da Tijuca, foi encaminhado à Fundação Romão Duarte. O bebê, que recebeu o nome de João Evangelista, estava **nu e dormia sobre uma sacola de supermercado**, quando foi encontrado. Tem pele clara, cabelos lisos, está **desnutrido, com sapinhos (estomatite), anemia e desidratação**. Na Fundação, foi colocado ao lado de mais de onze bebês. **Caso os pais da criança não sejam localizados**

pelo serviço social do Juizado, no prazo de um ano, ela poderá ser adotada".

Em O Globo, **11.10.1982**: "Abandonada ontem, na Saúde, Praça Mauá, uma menina de um a dois meses, mulata, embrulhada num cobertor e lençóis, e com a cabeça coberta por uma touca. O bebê, que recebeu o nome de Luana, estava ao lado de uma sacola com uma mamadeira, uma escovinha rosa de cabelos, fraldas, uma calcinha plástica e dois frascos de remédios infantis.

Um enfermeiro do hospital, casado com dois filhos, disse querer adotá-la, mas lhe disseram que o Juiz de Menores **só decidirá o destino da menina, caso seus pais verdadeiros não apareçam arrependidos do feito**. Considerou-se bom o estado de nutrição e higiene física do bebê. Luana **foi entregue à FEEM e colocada, juntamente com outros sete bebês abandonados** e em bom estado de saúde, na sala de pré-triagem, **onde aguardará parecer sobre o caso".**

Em O Globo, **06.07.1983**: "A menina Luanda Leite, de seis meses, foi abandonada ontem à noite no Hospital Sousa Aguiar. O bebê foi encontrado no banco da sala de espera do setor de Pediatria, com um **bilhete no qual a mãe afirma estar desesperada e sem condições de cuidar da criança**. A mãe, morena, de estatura baixa, deixou a criança no banco, anunciou às pessoas mais próximas que ia à farmácia, que não demorava, mas não voltou.

No bilhete a mãe dizia que não tinha onde morar; que tinha ido ao Juizado de Menores para arranjar uma creche, mas teria que esperar alguns dias, e que já não era mais possível. Pedia que dessem assistência à criança.

Escrito em papel de embrulho, sem assinatura, o bilhete tem data do dia 4 e informa o nome do bebê, citando as assistentes sociais Sueli Correia e Irene, como as funcionárias do Juizado com quem tratou a creche. Informa também o número do protocolo de entrega ao Juizado – 491983. Luanda foi levada à FEEM. Angélica dos Santos Silva, casada, um filho de 22 anos, garantiu que, se o Juizado deixar, fica com ela".

Em O Globo, **26.02.1985**: "Luciano, menino louro, olhos azuis, quatro dias de nascido, 45 cm. e 2,6 kg, abandonado numa calçada de Copacabana, foi encontrado ao lado de uma saca com algumas roupas de boa qualidade, um tubo de pomada e um **bilhete da mãe, que pedia fosse levado a um orfanato ou a alguém que pudesse tratá-lo como filho**. Dizia também o bilhete que a mãe sofria muito pela necessidade de ter que abandoná-lo.

Um dentista do Hospital Miguel Couto e sua mulher oficializaram o pedido de adoção ao Juiz de Menores Campos Neto. O bebê foi **levado para a Fundação Romão Duarte**, onde permanecerá **30 dias**, por ordem do Juiz de Menores, que estipulou este **prazo para que a mãe do bebê apareça e exija a posse da criança**. No fim deste prazo, poderá ser adotada pelo casal mais adequado".

Em O Globo, **18.05.1985**: "Mary Lucy, uma menina de três anos, **amordaçada e com as mãos amarradas, foi jogada**, no dia 14, **pela mãe, numa fossa da casa vizinha**, em Belo Horizonte. **Encontrada** no dia seguinte chorando, **subnutrida e com a perna quebrada, menina está na UTI do hospital.** A mãe disse na delegacia que foi um 'momento de desespero'. Até ontem nenhum parente tinha visitado a criança.

O Juiz de Menores não foi por enquanto notificado do ocorrido e, em princípio, só poderá tomar a guarda da criança, se ficar caracterizado o abandono, explicou um comissário de plantão. Maria da Graça Hermógenes, a mãe da garota, é comerciária, tem 25 anos, dois filhos, de 5 e 2 anos, além de Mary, e está grávida de 5 meses, tendo sido abandonada há anos pelo marido. Disse estar arrependida do que fez".

Em O Globo, **13.12.1985**: "Maria de Nazaré Bastos Franco, 21 anos, professora da Escola Andrade Gutierrez do Projeto Carajás, no Pará, e cujos pais moram em Belém, deu à luz um bebê do sexo masculino, em um *Boeing* da

Vasp, na noite de quarta-feira, durante o vôo, e **jogou-o**, ainda envolto na placenta, **na lixeira do sanitário do avião**.

A situação da criança, que foi encaminhada pela Vasp ao berçário do Hospital Adventista de Belém, já está praticamente definida: deverá ser adotada pelo gerente de aeroporto da Vasp, João Vargas, que esteve ontem com a Juíza Carmencin Cavalcante, da Vara de Menores de Belém, para oficializar a adoção.

A Juíza, no entanto, disse **que só decidirá a quem entregar o bebê, depois de conversar com Maria Nazaré, a mãe biológica, para perscrutar o seu estado psíquico e observar se ela tem** condições de ficar com a criança. Independente disto, a professora deverá ser fichada criminalmente por tentativa de homicídio.

Ontem a Juíza decidiu entregar a guarda do bebê Victor aos avós. Ele passará a morar em casa dos avós, junto com a mãe, que não terá a guarda do filho. Isto ocorreu porque o avô Raimundo disse à Juíza que a filha estava arrependida, emocionalmente abalada pelo que fizera. Os avós desconheciam a gravidez da filha. O gerente da Vasp e sua mulher que não podia engravidar perderam a possibilidade de adotar a criança".

Em Tribuna do Paraná, **24.12.1985**: "Terezinha Alves dos Santos, 19 anos, que escondia a gravidez com medo do pai, Albino Santos, 59 anos, lavrador, deu à luz um bebê do sexo feminino, em 22 de outubro, no quintal do barraco onde mora, na zona rural de Campina Grande, Paraná. Temendo o pai, Terezinha desferiu **vários golpes de pau contra o rosto da filha**, com o intuito de matá-la, fazendo desaparecer a evidência do parto.

Encontrado no mesmo dia, o bebê foi transportado para o hospital, onde se encontra em **estado grave**, apresentando **séria fratura na mandíbula e escoriações no rosto e ombro**, alimentada por sonda até que melhore, quando então será operada. Terezinha, pressionada pelo pai, confessou que dera à luz a criança no quintal, mas que 'o bebê bateu com a cabeça e rolou o barranco'. O pai não entende o gesto brutal da filha, e disse que só soube da gravidez ontem na delegacia".

Em O Globo, **11.06.1987**: "Abandonada pela mãe **num monte de lixo** do Plano Piloto em Brasília, logo após o nascimento no dia 4, uma recém-nascida de 2 dias foi hospitalizada e passa bem. Está disputada por mais de cem casais que a desejam adotar. Seu destino será decidido pela Justiça.

O Juiz de Menores, Níveo Gonçalves, assinalou, no entanto, que a verdadeira mãe da menina tem prioridade, caso deseje a criança de volta. Uma carta anônima denunciou Denise Andrade dos Santos, 22 anos, como mãe do bebê. Ela confessou que o abandonara com medo da reação do pai. Solteira e mãe de outros dois meninos, de 5 e 2 anos, vive com o pai, os filhos e uma irmã, em uma casa simples, perto do depósito de lixo, onde a criança foi encontrada.

A família não desconfiava da gravidez, mas pretende ficar com a criança. Denise será indiciada e processada pelo abandono da filha. **O bebê foi encaminhado para uma das creches do Juizado de Menores, entrando no programa de adoção**. Segundo o Juiz de Menores Níveo Gonçalves, há 115 casais já cadastrados. A escolha levará em consideração as condições sócio-econômicas do casal.

Entretanto, após uma semana, o Juiz de Menores **autorizou Denise a ficar com a menina, porque ela se arrependeu e prometeu cuidar bem da filha, como vem fazendo com os outros dois filhos**. Uma equipe do Juizado fará o acompanhamento sistemático por tempo determinado. **Se for constatada alguma irregularidade na criação da menina, ela voltará aos cuidados do Juizado de Menores**. Denise vai continuar a responder ao processo".

Em O Globo, **06.06.1989**: "Um bebê de três meses foi encontrado, no Domingo, num saco de roupas, que iam ser jogadas na máquina de lavar do Hospital Martagão Gesteira, em Salvador. O bebê teve alta ontem. Abriu-se sindicância para apurar o fato".

Século XX – Década de 90

Em O Globo, **5.6.1998**: "ontem pela manhã, em Jacarepaguá, dois policiais encontraram – **dentro da caçamba de um caminhão de lixo** – uma recém-nascida abandonada enrolada apenas numa fralda. Foi levada imediatamente para o hospital, onde precisou ser aquecida e alimentada com glicose. Ela ainda não tem nome e está engrossando a lista de bebês **abandonados em ruas ou terrenos baldios**: no último mês, foram registrados quatro casos aqui no Rio. Ontem outra menina foi largada num terreno em Santíssimo e salva por uma dona-de-casa. Há uma semana, Vitória, recém-nascida, foi encontrada por policiais no meio de uma rua em Vila Isabel. Hoje, o Juizado recebe outro menino, Lucas, **abandonado há um mês numa lixeira**, em Paciência, e que tinha ficado **até agora internado no Hospital** Pedro II, **para ser reanimado e se recuperar.** Ontem, **num depósito de lixo,** em Santíssimo, foi encontrada uma **recém–nascida com um corte na orelha direita".**

Ouvido, o Dr. Siro Darlan, da 1ª Vara da Infância e da Juventude, diz que a média de abandono de bebês é muito alta. Ele acha que o aumento do número de casos está relacionado à gravidez na adolescência – falta de educação sexual e de consciência dos meios de prevenção.

"Recém-nascido, enrolado em panos velhos e num saco plástico, e dentro de uma sacola de papelão, nascido há cerca de uma hora e meia, e **ainda com o cordão umbilical**, foi **encontrado em meio aos carros de um estacionamento**. Levado ao hospital, está em tratamento. Como é **prematuro de oito meses**, está em incubadora recebendo oxigênio" (O Globo, 18.7.1999).

Vésperas do Século XXI! Década de 90! Dois dias antes do Natal! **Bebê de nove meses** é encontrado, às 23 horas, **na areia da Praia de Ipanema**. Levado para a FIA, onde passou a noite. Encaminhado dia seguinte para a Fundação Romão Duarte, onde aguardará a localização da mãe e a decisão do Juiz. Tem-se informação de que é grande o número de crianças abandonadas na Zona Sul do Rio: em 2001, cerca de 30 casos (O Globo, 24.12.2001).

Século XXI

Em O Globo, **23.09.2002**: "Um bebê recém-nascido abandonado em Caxias, Estado do Rio, foi encontrado **enrolado num saco plástico** no **portão de uma casa** no Parque Fluminense. O menino, de 2,4 quilos, foi levado ao hospital para exames. O Conselho Tutelar indicará para onde ele será levado" (O Globo, 23.09.2002). Esperemos que o Juiz não demore demasiado a tomar sua decisão. Afinal, o tempo da criança é curto. **Temos que pensar no seu futuro.**

Porque, no mesmo dia, na mesma cidade, o "turista holandês Hivari Heiggi, de 26 anos, foi esfaqueado por um **grupo de menores**, num assalto, nos Arcos da Lapa. O turista foi levado por um policial, ao Hospital Souza Aguiar".

Não foi – e não tem sido – só isto. Na manhã de 3 de novembro de 2002, o jornalista e turista inglês Adam Smith, de 31 anos, foi também esfaqueado por **três menores**, embaixo de um viaduto, nas cercanias da Catedral Metropolitana, no Centro do Rio. Os menores levaram os pertences do turista, que disse ter sido este o segundo assalto por ele sofrido em circunstâncias semelhantes (O Globo, 4.11.2002).

Esta História, como todas as outras que povoaram os séculos XV a XX, jamais terá fim, enquanto a Sociedade – toda ela – for cega, surda e dissimulada.

O Porquê desta Barbárie

Esta barbárie ocorre diariamente em nosso país. Sempre ocorreu. Sempre se deixou acontecer por excesso de idéias obtusas, de interesses escusos, de retórica destemperada e imoral. Por excesso de preconceitos e formalismos instilados no dever de assistir a criança, o que deságua em insuportáveis e aberrantes ônus para a própria **criança – objeto desta assistência e nunca sujeito do direito a ela.**

Este massacre sempre sucedeu e vem se perpetuando dia-após-dia, porque o brasileiro – ser pensante, dotado de consciência e vontade – não quer mudar esta realidade. E ele pode, se quiser.... Somente ele pode. **Aristóteles já dizia que ao homem não basta somente viver, importa-lhe viver bem. A criança – a cria humana – tem o mesmo direito, cujo exercício, contudo, depende, integralmente, do cumprimento do dever do adulto.**

"A evolução do homem, por ser uma operação consciente, se caracteriza pela vontade humana de promovê-la. É uma aspiração, uma intenção, uma busca, uma procura deliberada. É um desejo de crescer em conhecimento, de penetrar a existência das coisas. Ânsia de aumentar as capacidades humanas, de atualizar potencialidades ocultas. Uma tensão, um impulso persistente, uma obstinação, no sentido de alcançar um *status* mais elevado, mais perfeito, do que aquele em que ele se encontra."[1]

Seres humanos conscientes se comunicam dentro de um espaço delimitado. Formam uma população, que se desenvolve pela adaptação às condições do meio, e vão cons-

1 TELLES JUNIOR, Goffredo – "O Direito Quântico" – Ensaio sobre o Fundamento da Ordem Jurídica, Max Limonad, 1985.

tituir as comunidades, "onde uns suprem o que aos outros falta, e onde todos, em conjunto, procuram criar e manter as condições necessárias à consecução de seus objetivos comuns".[2] Após o que, surge a sociedade.

Que seja assim com a nossa sociedade! Que seja assim com nossas crianças e adolescentes! Que se possam desenvolver, adaptando-se às condições saudáveis do meio e alcançando a cidadania plena.

Mas o que nós temos é a realidade mais incrível: a criança morre neste Brasil que, ao contrário dos países da África, do Oriente Médio e restante da América Latina, jamais foi devastado pelas guerras!! É uma insensatez.

Todos estes fatos, e muitos outros, foram pela lógica e inegavelmente decorrentes de um outro fato, este biológico – a **gravidez indesejada** – fenômeno real, visível, incontestável, que se concretiza nos atos desesperados dessas mulheres. Fato percebido pelos sentidos da sociedade, mas imediatamente escamoteado no leito das idéias impregnadas dos mandamentos da lei de Deus e das disposições da lei do homem.

Não é ficção. É uma constatação. Dolorosa constatação. É a realidade da criança não desejada – no Brasil – em tempo de paz.

O que fazer com esta criança? É a pergunta que a si mesma faz a gestante em desamparo, em desespero, em revolta. O que fazer com esta criança? Pergunta a sociedade em literalmente todos os seus estratos e setores, como que perplexa, displicente, incomodada, punitiva e, por conseqüência, criminosa.

E a resposta quem invariavelmente oferece é a própria gestante que, conforme o estágio de desorientação psicossocial que apresente, determinará o grau de agonia a ser

2 TELLES JUNIOR, Goffredo – "O Direito Quântico" – Ensaio sobre o Fundamento da Ordem Jurídica, Max Limonad, 1985.

infligido à criança. Logo, esta criança é vítima da mãe, que é vítima da sociedade, que é vítima de si mesma, de suas idéias, de seus preconceitos, de sua ignorância. O destino da criança indesejada é decidido por todos em detrimento dela própria, impedida mesmo de exercer o seu direito a uma vida **digna e saudável**.

A gravidez indesejada constitui um problema eternamente não resolvido, inserido no contexto da desorganização social, econômica e financeira generalizada do país, inoculada que foi desde a época da colônia. Nada obstante, dela obviamente não decorre.

A UNESCO divulga pesquisa , mostrando que, de 2001 a 2003, 82 mil crianças nasceram de mães na faixa etária de 10 a 14 anos. Daquelas sobreviventes das complicações advindas dessa **GRAVIDEZ PRECOCE** (terceira maior causa de morte entre adolescentes), 25% abandonam a escola por estarem grávidas, enquanto outras transferem o fardo para as avós, abandonam os filhos em matagais, lixeiras, sanitários de aviões....

No Brasil, como de resto em todo o mundo, esta gravidez precoce, e bem assim aquela indesejada, habitam os bolsões de miséria, onde adolescentes e mulheres de todas as idades não dispõem de meios contraceptivos. Fato este que vai perpetuar a extrema pobreza, impedindo seus filhos de alcançarem a CIDADANIA. Resurge daí a necessidade de urgente e ampla política de planejamento familiar, voltada para as comunidades carentes, aliada à educação sexual e global. O discernimento da mulher deve ser o objetivo de qualquer política social.

A gravidez indesejada (precoce ou não), como **fato biológico gerador do fato social morte/abandono/calvário da criança** – seu produto final – tem que ser obrigatoriamente evitada, a despeito da desordem social e unicamente no interesse da criança sacrificada. Não que se queira reduzir o nascimento de pobres, como fala D. Eugenio Sales, cardealarcebispo emérito da Arquidiocese do Rio de Janeiro (O GLOBO, 28.05.2005). O que se propugna é exatamente a erradicação da miséria no Brasil, suprimindo suas causas, mas jamais através do sofrimento da criança, que ela é o FUTURO – nosso, das matas, dos animais, do planeta...

Para tanto urge que se a encare como um evento biológico numa cadeia de eventos e que se traga à cena um fato novo essencialmente capaz de a controlar. Em tal sentido, o problema deve ser enfocado bem na sua origem, nas suas causas mais remotas, jamais somente nos seus efeitos, como até hoje lamentavelmente se faz.

Não se trata de chorar as crianças abandonadas encontradas mortas, nem tampouco de internar aquelas resgatadas com vida, colocando-as sob a nefasta "proteção e assistência" das instituições criadas para este fim, bloqueando-se-lhes as chances de um desenvolvimento psicossocial normal, por tudo o que se conhece dos métodos ali aplicados.

Esta solução simplista, "em desuso em quase todo o mundo, a não ser em casos de crianças cujos problemas não lhes permitam permanecer em suas comunidades",[3] sempre foi costume no Brasil. Há tempos, contudo, já é disposição de lei, que muitas vezes é aplicada em detrimento da criança e em muitas outras é burlada em favor do menor.

O formalismo legal desumano, que leva à aplicação de disposições não diretamente voltadas ao primordial interesse da criança, é que, juntamente com a ocorrência sem controle da gravidez indesejada, e mais ainda com a postura recuada e hipócrita de todos os setores da sociedade – sem exclusão – vem permitindo o aumento exacerbado do contingente de crianças e adolescentes abandonados.

---

3 RIZZINI, Irene – Professora e Diretora da Coordenação de Estudos sobre o Menor-CESME, da Universidade Santa Úrsula-Pesquisa de 1985, citada por Carlos Alberto Luppi.

São menores de 0 a 18 anos – institucionalizados ou vagando pelas ruas, marginalizados, delinqüentes ou infratores – e os maiores de 18 anos – agora criminosos, já parte integrante da população carcerária, verdadeiramente irrecuperáveis. Todos crianças indesejadas. Todos frutos de um fato biológico não planejado, nem controlado, por atos sociais das partes ou das autoridades interessadas. Isto tem que ser aceito, porque é real!

Sabemos que dar à luz uma criança pode implicar para a mulher um grande acontecimento, um simples incidente, um momento desestruturador ou mesmo uma catástrofe. A vocação feminina para a maternidade é contestada. Questiona-se a própria existência do instinto materno, porquanto "já se comprovou que nem toda mãe é naturalmente capaz de amar seu filho".[4, 5 e 6]

Não fazendo parte da condição de mulher, o instinto materno, quando se manifesta, o faz em gradaçoes as mais variáveis, e sua evolução liga-se diretamente ao contexto psico-sócio-cultural e econômico em que se insere a mulher.

Gestação e parto são fatos biológicos restritos às mulheres pela própria natureza, embora a maternidade, que é uma função psicológica, não constitua privilégio das mulheres. Eventualmente até mesmo o homem pode exercer a maternidade em sua essência. E o tem feito brilhantemente nos dias de hoje.

Um filho é um filho quando é sentido como tal, quando é amado, quando é querido. Do contrário será sempre alvo de rejeição, maus-tratos e abandono. Por tudo isto, reconhece-se a complexidade das motivações que levam estas

---

4 ARIÈS, Philippe – "História da Morte no Ocidente desde a Idade Média", Teorema, 1988 – e "História Social da Criança e da Família", Rio de Janeiro, 1986.

5 BANDINTER, Elisabeth – "L'Amour em plus", Paris, Flammarion, 1980.

6 CARO, Denise – "O Filho que tanto queremos: as novas descobertas da Medicina para vencer a esterilidade", Nova Fronteira, 1988.

mulheres a abandonarem e até matarem seus filhos. Do ponto de vista psicológico, este fenômeno tem sido muito estudado e algumas situações desde há anos vêm sendo reconhecidas.

Uma mulher, por exemplo, sofrendo de **depressão pós-parto** – desequilíbrio hormonal ou psicológico que geralmente dura de dois a três meses – pode matar seu filho e dissociar-se do crime, embora esta disfunção só ocorra em um ou dois, em cada mil partos, como informa o Dr. Sardoff, da Universidade da Pensilvânia (Jornal do Brasil, 04.12.1987).

Ainda que o comportamento psicológico seja interativo com os outros fatores sócio-culturais interferindo no fenômeno, tem-se que é insignificante como motivação para esses atos extremos.

O **aspecto cultural** também tece o pano de fundo do **abandono da criança não desejada**. Correm o mundo notícias de milhares de recém-nascidos abandonados, afogados, eliminados, por serem do sexo feminino, portadores de condições de invalidez, por sofrerem de enfermidades hereditárias ou serem fruto de união de pais solteiros.

No Brasil os **fatores de ordem social** são prevalentes na composição do fenômeno, **interagindo com a realidade psicológica da gestante**, que na maioria é jovem, branca, negra ou mestiça, de baixo ou nenhum nível educacional. A ocorrência de abandonos se verifica com maior freqüência nos grupos marginalizados, entre gestantes exercendo a prostituição; ou em ambientes de extrema miséria, onde a maioria considera o filho um estorvo, "um fardo a mais para dividir a miséria".[7]

A **forma do abandono** também é variável, conforme o grau de desequilíbrio psico-sócio-cultural da gestante.

7 LUPPI, Carlos Alberto – "Agora e na hora da nossa morte", 1981 – e "Malditos Frutos do Nosso Ventre" – Ícone, 1987.

Aquelas mais desorientadas usam de violência contra a criança; outras abandonam o filho na esperança de que seja encontrado por quem possa criá-lo satisfatoriamente.

Com a exacerbação do consumo das drogas, o advento da AIDS e o total descaso quanto ao sangue e seus derivados, o calvário da criança vinha se aprofundando. Era cada vez maior o número de recém-nascidos contaminados pelas mães portadoras do vírus do HIV, infectadas não importa por que via. Abandonados ou em instituições, eram bebês condenados à morte lenta e sob enorme sofrimento.

Em 1985, registrou-se o primeiro caso de transmissão da mãe para o filho. Nasceram no Brasil, até 2002, 6.700 crianças infectadas. Estima-se a morte de 2.000 delas, antes da adolescência. O restante sobreviveu graças aos modernos medicamentos.

Na década de 80, a taxa de infecção de filhos era de 80%, com sobrevivência de 3 anos. Nos anos 90, taxa de 40%, com sobrevivência de 10 anos. Em 2002, taxa de 5%, sem limite de sobrevivência.

Foi, sem dúvida, uma vitória. Mas a criança sofre um drama vitalício, transmitido pelos pais, muitas vezes gerando um sentimento de revolta, nos momentos em que brota um envolvimento emocional. Mais uma vez é a criança como objeto do direito dos pais. E sem outra opção... tem que se conformar.

Por outra parte, muitos bebês abandonados são fruto de **violências sexuais** – estupro, incesto – **contra mulheres** de todos os níveis. São comuns; ainda, casos de violência contra mulheres com debilidade mental, por cuja gravidez as próprias famílias não se responsabilizam, finalizando assim no abandono da criança. É significativo também o abandono de recém-nascidos por mulheres com **educação tradicional**, apegadas que são a convenções sociais estanques e retrógradas.

Repita-se que a outra realidade incisiva e preocupante interferindo na dinâmica do fenômeno da gestação indesejada é a **gravidez precoce,** a adolescente gestante, a criança-mãe. Eis os pungentes exemplos:

"Uma menina baiana de nove anos é desde ontem provavelmente a mais jovem mãe do mundo. Sua filha, Daiane, nasceu às 22 horas, depois de um parto cirúrgico – tranqüilo e sem problemas!?... – segundo informou ontem o médico Fernando Prata Góes." (O GLOBO, 1986). Referindo-se ao parto de uma menina de 13 anos, realizado na Pro Matre (instituição filantrópica do Rio de Janeiro), em cuja maternidade a demanda pelo atendimento de adolescentes levou à ampliação de suas enfermarias, informa o seu Diretor, Dr. Luiz Guilherme Pessoa da Silva, que **a literatura médica não é conclusiva, mas sabe-se que ter filhos com menos de dois anos de distância da primeira menstruação não é saudável para a mãe ou mesmo para o bebê (O GLOBO, 09.05.2002).**

Entre 7 e 14 anos, 94,8% de crianças e adolescentes já estão matriculados no ensino fundamental. Porém, mais de 19 milhões de crianças de até 6 anos e jovens de 15 a 17 anos continuam à margem do sistema público de ensino (IBGE, Censo 2000), sendo que estes, por conseqüência, estão fora do alcance de qualquer programa de educação sexual porventura desenvolvido na rede escolar.

Com este quadro, evidencia-se a inexistência de política oficial capaz de interferir nesta realidade. Os casos isolados de programas desta ordem são absolutamente ineficazes, mesmo junto aos adolescentes que a eles têm acesso, seja porque se fundamentem no moralismo religioso, idealizando e reprimindo o sexo, seja porque se valem da Biologia para explicá-lo.[8]

---

8 BARROSO, Carmen – "Gravidez na Adolescência". IPLAN/IPEA/UNICEF/Fundação Carlos Chagas, 1986.

A lei, por outro lado, não acompanhando a realidade concreta da gravidez nesta faixa etária, deixa ao desamparo a gestante adolescente, muitas vezes vítima da violência do estupro ou do incesto. Este quadro, com casos de gestantes de até nove anos de idade, institucionalizadas ou não, permite intuir, constatar e lamentar o abandono, até mesmo inconsciente, do produto desta gestação.

Quanto à **gravidez precoce**, a situação vem se agravando. Levantamento da Universidade Federal de São Paulo, cobrindo todas as regiões brasileiras, revela o nascimento anual de cerca de um milhão de bebês de mães solteiras entre 15 e 19 anos. E, mais sério ainda: de cada 100 adolescentes que engravidam sem planejar, 25 já tem pelo menos um filho, apesar do índice de 90% de utilização pelo jovem de contraceptivos de proteção, conforme pesquisa da UNESCO, citada pela VEJA, em 13.02.2002.

Do qualquer modo, não importando a faixa etária da mulher, o peso da decisão de sacrificar o filho recai sempre sobre a gestante, diretamente ou por induzimento. É o desespero de se sentir completamente desassistida, ela própria abandonada pela família, pela sociedade, pela Igreja, pelo Estado – e pior ainda – pelo pai da criança, que se afasta ou é simplesmente um desconhecido.

Este estado de coisas persiste. É uma realidade triste que só tem piorado, considerando-se as estatísticas. E a grande penalizada é a criança, fruto desta disfunção social, porquanto a posição de todos quantos podem fazer cessar o seu martírio é falsa, é desumana.

Institucionalização da Criança Rejeitada – O Discurso Retórico e a Urgência da Criança

Simultaneamente à ocorrência destes fatos alarmantes, veiculados desde sempre na Imprensa brasileira e estrangeira, e aqui dados como exemplo, vem a público a opinião de todos quantos ligados ao problema do menor, daqueles da elite que de uma forma ou de outra respondem pelo destino da criança enjeitada.

São vozes que defendem fervorosa e unicamente suas posições, suas convicções, bem nutridas e aquecidas no recesso de seus lares. Vozes da Igreja, dos Juízes, dos órgãos oficiais, vozes da sociedade incomodada...

Há também as vozes de alerta, daqueles que denunciam e analisam o fato consumado da crueldade perpetrada contra a criança sob os mais amplos aspectos, rasgando a verdade desesperada na consciência do mundo.

Contra o narcotráfico todos bradamos. Sua demonstração de força, coibindo a atividade comercial e institucional da sociedade impotente, extrapolou de muito o limite da patologia social. Evidenciou-se o poder paralelo do crime organizado que, ontem, já escapava da frouxidão do poder público e, hoje, tranqüilamente o confronta. Quanto a esta calamidade, a sociedade, em todos os seus seguimentos, tem que se levantar e se manter de pé.

Mas, como sempre, não tem havido veemência na discussão a respeito da ação deletéria que o uso das drogas exercita na mente de crianças, adolescentes e jovens dela dependentes.

Especialmente no período eleitoral, quando se redireciona o poder decisório, vozes se calam ou usam de subterfúgios para esquivar-se de propostas efetivas para lidar com o problema. Tende-se a encará-lo, numa concepção assaz míope, como pertinente ao foro familiar e não à órbita do Estado, desatendendo à realidade do **fato social abandono/marginalidade/delinqüência/institucionalização**, com os conhecidos consectários.

Todavia, a veemência do silêncio é tão-somente do menor, que chora e foge continuamente, até deixar de ser menor – quando então levantará a voz da revolta contra seu algoz, voz com freqüência contrária à lei que outrora o abandonou.

E é este discurso inflamado que acompanha a criança na sua trajetória de desamor, desde a lata de lixo até a penitenciária, não sem antes passar, é claro, pelas unidades de internação mantidas pelo sistema de proteção à criança, considerando-se sempre os princípios da **brevidade**, **excepcionalidade** e **respeito** à condição peculiar de uma pessoa em desenvolvimento (ECA, art. 121).

Este discurso expressa a degenerescência do ingênuo, da pureza, da planta. "**Não tenho medo não. É só me perturbar que eu mato mesmo. Não quero ir para abrigo, é muito tumultuado, prefiro ficar nas ruas. Eles me levam e eu fujo de novo.**"

Foi o que disse Y. – o menor reencontrado ontem na Praça Quinze depois de ser recolhido anteontem – e com quem os policiais encontraram uma faca de cozinha. Desembaraçado, o menor contou que já passou por diversos abrigos da Prefeitura, pela DPCA, pelo Padre Severino e pelo Educandário Santo Expedito, antigo presídio Muniz Sodré, em Bangu. Seu envolvimento com drogas foi confirmado por um policial do 13º BPM, que disse já ter prendido Y., no Centro, com quatro quilos de maconha. O menor disse que fez parte do tráfico na Favela do Jacarezinho e no Morro da Formiga, de onde saiu porque devia aos traficantes. Perguntado sobre sua família, desconversa e prefere contar que, no tráfico, já usara armas e matara várias pessoas (O Globo, 02.08.2002).

Sandro Nascimento nasceu na Bahia, em 7 de setembro de 1978. Menino de Rua, preso várias vezes por pequenos assaltos, aos 9 anos, viu a mãe ser morta a facadas. Estava entre os Meninos de Rua que assistiram à chacina da Candelária, passou por várias instituições para menores. Condenado a cumprir pena em regime semi-aberto depois de um assalto, passou um ano no presídio Edgar Costa, em Niterói.

Liberado para o Natal, foi preso mais uma vez e terminou na 26ª DP, em Todos os Santos, delegacia, hoje desativada, na época considerada grande punição. Nela, Sandro dividiu uma cela escura e minúscula com chefes do Comando Vermelho e acabou fugindo com eles. Sumiu e só reapareceu em 12 de junho de 2000, quando seqüestrou o ônibus 174, no Rio de Janeiro, em que morreram uma refém e o próprio assaltante – ele, por asfixia dentro de um camburão. Outra refém sofreu um derrame e até hoje não fala, tem dificuldade para andar e vive com a filha e uma neta que sofre de hidrocefalia. Sandro teve abortada a sua vida e abortou a vida das reféns e seus familiares.

Pela leitura, superficial que seja, desta multiplicidade de casos, constata-se, ainda que atenuada, uma conduta voltada ao mecanismo de institucionalização de crianças. Dispositivo desumano, insensato, justificado pela finalidade de impedir o abandono e a marginalização, vem acarretando nada menos que o afastamento de milhares de menores do convívio sócio-familiar, sujeitando-os ao que se convencionou chamar de **abandono institucional**. Ressalte-se que o direito de convivência familiar e comunitária é garantia constitucional (CF 88, art. 227) e direito fundamental no Estatuto da Criança e do Adolescente (Lei 8.069, 13.07.1990: arts. 19 a 24).

Mas "não se pense que o Estatuto será a solução para o grave e complexo problema da infância carente, abandonada e infratora, sempre relegada a segundo plano ou tratada com indiferença pelos governantes, que esbanjam verbas públicas – em propagandas promocionais e na construção de obras supérfluas – e as negam às prioridades sociais. Até mesmo grandes grupos econômicos vivem à margem dos problemas sociais, destinando parte de seus lucros, de preferência, a campanhas políticas".[1]

Destarte, com a institucionalização, vê-se desrespeitado o direito básico da criança a um saudável e normal desenvolvimento físico, mental e social – e bem assim traçado o seu destino marginal, segregado da sociedade incomodada, até, quem sabe, após a idade adulta.

Considere-se todavia que tudo é feito sob o beneplácito da lei de Deus e da lei do homem, mas não com o sentimento de humanidade que deve impregnar todas as decisões sobre o destino de uma criança. E mais do que isto, sem levar em conta as modernas conclusões científicas sobre os danos físicos e psicológicos causados à criança pela permanência prolongada em instituições, independente da qualidade dos serviços disponíveis. QUANTO MAIOR O TEMPO DE INSTITUIÇÃO, MAIOR O ATRASO NO DESENVOLVIMENTO DA CRIANÇA.

Sabendo-se que a pele é o órgão sensorial do bebê, tem-se que um recém-nascido, sem o contato epidérmico com a mãe – origem principal de bem-estar, segurança e afetividade – sofrerá a síndrome da privação materna e, em decorrência, terá distúrbios físicos e emocionais graves.[2]

---

1 NOGUEIRA, Paulo Lúcio – "Comentários ao Código de Menores", 1988 e "Estatuto da Criança e do Adolescente Comentado", Saraiva, 1991.

2 MALDONADO, Maria Teresa – "Maternidade e Paternidade", Vozes, 1989.

Para a cessação de tais distúrbios, impõe-se a necessidade de cuidados especiais imediatos.

Ora, se é assim, um recém-nascido que sofreu a tortura da rejeição pré-natal, do abandono ao nascer, e que teve contato epidérmico com o lixo onde foi encontrado, não merece ser mantido numa instituição à mercê da decisão do Juiz que, a seu tempo, vai situá-lo para os fins da proteção legal, após laudo conclusivo de pesquisa de sua procedência, em delegacias e hospitais.

Não se justifica o formalismo. Uma criança em tais condições já tem procedência conhecida. Ela vem do lixo, da calçada, da escada de um prédio, da porta de uma casa, da lixeira do avião. Vem do local onde foi encontrada, ou mesmo do hospital, onde foi "esquecida"... E pasmem!! Ainda pode ser deixada junto ao pneu de um carro estacionado. Talvez na sombra, quem sabe... Vai depender do grau de desordem emocional da mãe.

Concluindo, sua história ali se inicia. Portanto, essencial que seja eficazmente socorrida, ao mesmo tempo que providenciada de imediato a recriação do vínculo mãe-filho destroçado pela violência do abandono.

Injustificável, ainda, tal formalismo diante dos efeitos deletérios dos métodos aplicados nessas instituições e pela característica atual de superlotação que as fazem conhecidas como depósitos de crianças.

No Brasil, a prática obsoleta da institucionalização do produto do abandono só tem aumentado o contingente de menores abandonados. Embora abrigado, o menor está mesmo assim em abandono.

É notório! É vivido!! Nos dias de hoje, a inteira sociedade – esclarecida ou não – conhece o drama dos jovens internos, passando por vários abrigos durante o processo de crescimento, e que, sem terem sido adotados, são lançados forçosamente ao abandono, alcançada maioridade (18 anos). Simplesmente, deixam de ser mantidos pelo Estado.

É o ABORTO EM VIDA, o ABORTO DEFINITIVO. Vão formar o grupo dos NÃO REINTEGRADOS À SOCIEDADE, MAS CERTAMENTE AO MUNDO DO CRIME...

Junte-se a isto a notória inexistência dos programas de prevenção do abandono, seja através da contracepção ou do aborto legal, impedindo o nascimento da criança indesejada, seja oferecendo às famílias condições dignas de criação de seus filhos.

É esta perene atitude assistencial quanto ao produto do abandono, sempre afastada do verdadeiro interesse da criança, a responsável pela superpopulação nas instituições para menores e, conseqüentemente, nos presídios do sistema penitenciário brasileiro – EM TEMPOS DE PAZ.

Violência Contra a Criança

Na verdade, a trajetória da agonia da criança rejeitada possui diversos atalhos, que infelizmente a têm levado sempre ao mesmo final – a desesperança, o sofrimento – muito embora "o mundo atual seja obcecado pelos problemas físicos, morais e sexuais da infância".[1]

Estudos sobre a maternidade, nas mais variadas espécies e culturas, concluíram que o instinto materno, tal como uma determinação genética inevitável, não existe. Da mesma forma que o amor incondicional da mãe pelo filho não se fundamenta numa exigência biológica. Portanto, as mulheres não amam instintivamente seus bebês, a exemplo das outras fêmeas do reino animal, que não se afeiçoam de maneira automática a cada filho que nasce.[2] Em sendo desejada a criança, o vínculo materno-filial se inicia quando a mulher vibra pela sensação de estar grávida e se estreita, dia-a-dia, no curso da gestação até o clímax do nascimento. Daí... segue o amor... simplesmente.

Diante da realidade de uma gravidez indesejada, que não teve condições de evitar, por falta ou falha dos meios de contracepção, ou mesmo de interromper, por qualquer impossibilidade ou erro na prática do aborto, a gestante, conforme seu grau de desorientação fisio-psico-social, costuma tomar, ela própria e de variadas maneiras, a decisão quanto ao que fazer com o bebê.

---

1 MALDONADO, Maria Teresa – "Maternidade e Paternidade", Vozes, 1989.

2 BLAFFER, Sarah – "Mãe Natureza-Maternidade, Filhos e Seleção Natural", Campus, 2001.

Quaisquer que sejam estas formas de decidir, serão todas em detrimento da criança, cujo destino é desde aí traçado com o grau de sofrimento proporcional ao grau de rejeição. E AÍ, IMPLACÁVEL, A VIOLÊNCIA SE INSTALA NA VIDA DA CRIANÇA...

A gestante, conforme os exemplos historiados, ela comete o infanticídio, matando o recém-nascido, com violência ou não; abandona o bebê numa sacola, longe ou perto de uma fonte de socorro; abandona o recém-nascido ainda no hospital, fugindo logo após o parto, sem deixar vestígios. Em certos casos, ela tenta manter o filho mas, diante da impossibilidade não importa qual de o criar, vem a abandoná-lo pouco depois, na maioria das vezes através condutas idênticas.

Como rotina, a polícia é acionada, a criança levada ao hospital para tratamento, após o que, declarada a sua situação face ao Estatuto, é pelo Juiz encaminhada a uma creche do sistema, onde aguardará, até quando Deus quiser, uma decisão final assaz tardia sobre o seu destino: guarda, tutela, adoção, ou eventual retorno ao "colo" da mãe, às vezes assaltada por arrependimento autêntico ou induzido. Retarda-se assim a restauração do vínculo mãe-filho, o que traria de volta o equilíbrio psicológico desta criança.

Contudo, o seu destino já fora determinado pela conduta da própria mãe, e conhecido pelas autoridades no exato momento de seu resgate com um tênue fio de vida. Este é o procedimento formal, desumano – mas legal – que vai lamentavelmente agravar o sofrimento instalado na alma e no corpo desta criança, por toda a sua vida.

Há mulheres, entretanto, que de início não submetem o filho ao abandono físico, embora consciente ou inconscientemente o rejeitem. Elas o levam para casa, onde por vezes já se encontram três ou quatro outros filhos, e lá, conforme sua disponibilidade emocional e sua organização psíquica, o frágil vínculo mãe-filho começa a se despedaçar, iniciando-se o processo de abandono psico-físico da criança.

Daí se instala na família o fenômeno da violência contra a criança. Violência física, sexual ou psicológica. Os maus-tratos corporais e a negligência no trato da criança são formas de violência física que poderão ser, e freqüentemente o são, praticadas simultaneamente à violência sexual e às humilhações e ameaças típicas da violência psicológica. Para desespero da criança, sua integridade é violada já no seio da família, não importando em nada o seu nível socioeconômico.

É vasta a literatura mundial sobre o tema, buscando nas ciências as origens do fenômeno e oferecendo elementos à sua compreensão. No Brasil, mais vasta ainda é a freqüência revoltante do fato concreto da violência, da realidade diária do massacre de inocentes, na família ou fora dela.

Este fato aviltante quase sempre fugia do documentário da imprensa, desconhecido que era por "falta de diagnósticos e estatísticas confiáveis, falta de serviços padronizados, e pela existência de diferentes formas de violência, que obedecem a certas distribuições regionais. Finalmente, pela não participação do cidadão na prevenção e no diagnóstico desta situação como uma anomalia".[3]

Em São Paulo, Oliveira Santos informa que, "de janeiro de 1982 a julho de 1985, foram atendidas 1251 crianças vítimas de maus-tratos, com ocorrência de 104 óbitos, no Instituto Médico-Legal – IML, de Campinas. Ressaltam-se 16 vítimas no primeiro semestre de 1985, o que corresponde a duas mortes por mês, de crianças submetidas a danos físicos. Dos casos atendidos, 8.3% são de mortes violentas, tendo como fator desencadeante agressões corporais graves, até mesmo contra crianças abaixo de 28 dias de idade".

3 SANTOS, Hélio de Oliveira – "Crianças Espancadas", Papirus, 1987.

Explicitando: Em **1982**, casos: 282; óbitos: 28; agressões corporais: 154 (54,6%); abusos sexuais: 128 (45,4%). Em **1983**, casos: 350; óbitos 34; agressões corporais: 192 (54,9%); abusos sexuais: 158 (45,1%). Em **1984**, casos: 360; óbitos: 34; agressões corporais: 177 (49,1%); abusos sexuais: 183 (50,9%). Em **1985**, casos: 259; óbitos: 16; agressões corporais: 124 (47,9%); abusos sexuais: 135 (52,1%).

No Brasil, pelos dados da ABPANI/**1989**, cerca de 7 milhões de crianças até 14 anos são vítimas de maus-tratos, principalmente por parte dos próprios pais. Foram crianças nascidas de uma gravidez não planejada, não desejada, sem qualquer sentimento positivo com relação a elas.

"VRS, linda menina de 2 anos e 6 meses, loura, olhos claros quase azuis, mora com a mãe e seu companheiro. Certa noite urinou na cama (enurese noturna), passando a ser impiedosamente espancada pelo companheiro de sua mãe. Foi encaminhada, em coma profundo, com marcas violentas no corpo e queimaduras nas nádegas e palmas das mãos, para a Unidade de Tratamento Intensivo - UTI - onde permaneceu internada por 2 meses e de onde saiu com vida semivegetativa, sem andar, sem sustentar a cabeça e sem falar".[4]

"Menina de 3 anos e meio com sangramento vaginal, ruptura himenal e lesão vaginal provocada pelo próprio pai biológico".[5]

"Menina brutalmente agredida pela mãe, que dizia ter ódio do pai. Rosto deformado, corte de 6cm no supercílio, orelha esquerda cortada à faca, clavícula esquerda fraturada, ferimentos profundos na cabeça, hematomas nos braços e pernas. Era mantida em cárcere privado" (Globo, 27.09.1973).

4 SANTOS, Hélio de Oliveira - "Crianças Espancadas", Papirus, 1987.
5 Idem, ibidem.

"Comerciante de Brasília, 35 anos, enforcou o filho de 3 anos, porque ficou louco quando soube que a mulher o traía" (Isto É, 16.10.1984).

"Reinaldo, 8 anos, contou na polícia que sua mãe cortara os pescoços dos irmãos de 1 ano e de 4 anos, matando-os. Ele fugira" (Afinal, 17.06.1986).

"Cristiane, 16 anos, foi morta pela mãe, 41 anos, com um tiro por causa de um lanche" (O Globo, 09.10.2002).

"Sílvia, 18 anos, faxineira, espancou até a morte seu filho de 1 ano e 5 meses, pois ele a desobedecia. Contou que o garoto desmaiou, voltou a brincar minutos depois, até desmaiar de novo. Levado ao hospital, morreu de hemorragia interna. No IML, foram constatadas queimaduras e hematomas em várias partes do corpo da criança" (O Globo, 14.10.2002).

Dados catalogados por uma clínica de obstetrícia paulista, que preferiu se manter no anonimato, indicam que **mais de 90% das púberes (meninas no início da adolescência) grávidas**, que procuram seus serviços, **esperam filhos de seus próprios pais biológicos, e não de padrastos**. E de acordo com a informação prestada pela socióloga Helleith Saffioti, os **pais agressores estão, na maioria, casados e na faixa etária de 26 a 35 anos. Sempre são usadas medidas de coerção, que vão desde ameaças verbais até o uso de armas e o emprego de força física** (Jornal do Brasil, 29.01.1988).

CEM MIL CRIANÇAS VÍTIMAS DE MAUS-TRATOS MORREM ANUALMENTE E OUTRAS TANTAS SÃO ABANDONADAS NA RUA. UM GRAVÍSSIMO DESPROPÓSITO!! Esta realidade da violência contra a criança é um problema universal e não tem causa na miséria. Independe do nível sócio-econômico da família. Surge mais aparentemente nas classes menos afluentes, de baixo poder aquisitivo, porquanto não há dentro delas a "conspiração do silêncio", a preocupação com a opinião alheia, nem tampouco o poder econômico, que leva as classes mais elevadas a convencerem os médicos a não denunciarem a agressão para evitar o escândalo (Dr. Celina Guerra Santos, em palestra no XXV

Congresso Brasileiro de Pediatria, SP, Brasil, O Globo, 30.09.1987).

Chegamos ao **Século XXI**. A violência exacerbou-se. Difundiu-se. A violência está "on line". Assim como quase todos os "esclarecidos" globais, nós também estamos "on line", para o bem ou para o mal. A Internet abriga o pedófilo (homens e mulheres, casados e com filhos). Foi-se o tempo em que sua casa, seu prédio, sua escola, sua Igreja ou mesmo o consultório de seu médico eram locais insuspeitos. O assédio sexual, o assédio moral, pairam como nuvem espessa, sufocando, atormentando. A criança não precisa se ausentar de casa para sofrer o assédio. Ele penetra nos lares, através do seu cérebro, do cérebro de nossos filhos.

Segundo o Presidente da Associação Brasileira Multiprofissional de Proteção à Infância e Adolescência (ABRAPIA), nos últimos 5 anos, das mais de 2500 denúncias recebidas de violências sexuais contra crianças brasileiras (de 0 a 18 anos) – causadas por pais biológicos, parentes, amigos, padres ou professores – cerca de 4% são relativas ao turismo sexual. Neste caso, a maioria (61%) das vítimas é de meninas entre 12 e 18 anos, buscando sobrevivência, roupas, drogas e realização de sonhos. Quanto aos turistas, na maioria, entre 40 e 50 anos, de classe social média baixa, alemães, italianos, japoneses. Vítimas por sexo: meninas 69%, meninos 2,5%. Vítimas por idade: de 8 a 11 anos, 4%, menos de 8 anos: 1,3% (ABRAPIA/O Globo, 24.02.2002).

O gráfico da violência mostra uma curva ascendente, conforme pesquisa do Núcleo de Estudo e Combate à Violência Doméstica, que revelou como vítimas crianças de 1 a 9 anos, indefesas, sendo a mãe apontada como principal agressora (55.96%), o pai (21.66%), madrasta ou padrasto (11.91%), tio ou tia (4.69%) e avós (5.78%). Formas de agressão? Ingerir as próprias fezes... queimaduras com frigideira ou ponta de cigarro... estupro... (O Globo – 20.03.2005).

"Quando um adulto abusa de uma criança, também produz alterações definitivas na sua natureza. 'Abusar' é es-

timular prematuramente as zonas genitais. Aqueles que defendem a natureza devem estar atentos ao abuso sexual de crianças. É um brutal crime ecológico" (Alberto Goldin, Psicanalista, Revista O Globo, 29.05.2005).

Uma vez denunciada a violência, a criança é socorrida. Se lograr sobreviver ainda saudável, conforme o grau da violência perpetrada, será devolvida à família, de onde, novamente agredida, será levada ao hospital – ou ao abandono. Daí para a frente, se verá recolhida às casas-abrigos, às instituições, às creches, aos orfanatos – onde aguardará que o Juiz determine a nova etapa de seu destino.

Na verdade, uma vez vítima da violência, a criança não se recupera. Psicologicamente será uma criança triste, amedrontada, desconfiada, apresentando distúrbios de conduta e baixo rendimento escolar, dentre outras seqüelas. Este quadro vai acompanhá-la vida afora na luta para sobreviver, até que se transforme num adulto violento – se antes não sucumbir.

É a **trajetória violência-fuga-abandono-marginalidade-drogas-delinqüência-criminalidade**, cujo desencadear pode ser evitado, se a criança deixar de ser tratada como OBJETO da covardia, da ira, das psicoses e neuroses do adulto – seu "responsável".

Se a mulher, ou o casal, afluente ou não, esclarecido ou não, tiver a liberdade de planejar, ou mesmo evitar, o nascimento de um filho, sopesando, com honestidade, suas possibilidades de oferecer a esta criança as condições básicas de uma vida digna e saudável, pensando tão-somente no interesse e no bem-estar deste inocente – o quadro de barbárie que persegue a criança, no mínimo, se abrandaria.

A Indigência, o Abandono, o Trabalho Infantil vis-à-vis o Patrimônio Nacional

Pelo Censo 2000/IBGE, sabe-se que, da População Economicamente Ativa, 9.3% (59 milhões) não recebem qualquer salário. No Nordeste: 18%. No Piauí: 27.2%. Compondo o quadro, 24.5% (16 milhões) ganhavam menos de um salário-mínimo (R$ 151, em 2000). Já 27.5% (33.5 milhões), menos de dois até dois salários-mínimos. O Nordeste sempre contribuindo com as piores taxas: 46.2%, sendo que no Piauí o índice alcança 59.5%.

Transformando os dados em vida, em experiência humana, estamos no Nordeste, especificamente em Pernambuco, a 50 km de Recife. Bem pertinho, aliás. Conversando com João (35 anos) e Maria (40 anos), analfabetos, soubemos que sobrevivem da pesca ou do corte da cana – trabalho sem registro durante a moagem. Moram em casa de taipa, sem mobília.

Para nosso espanto, sustentam oito filhos com uma renda mensal de menos de R$ 80, insuficiente para a alimentação. Pela lógica dos índices, são indigentes, estão entre aqueles quinze em cada cem sobrevivendo com menos de R$ 2 por dia. Em nossa realidade, dois cafezinhos, ou mesmo quatro, conforme seja uma lanchonete ou um botequim...

Mas não há que se avexar, é tudo como Deus quer. Tranqüilamente repartem o pouco que têm e "cada um come um tiquinho", após o que dormem todos por sobre um plástico estirado no chão de terra batida. Mas é a real **violência da miséria** atingindo João, Maria e seus oito filhos. Pensando bem, fosse o local um grande centro urbano, já estariam todos cooptados pelo narcotráfico.

Outra **violência contundente contra o menor** é o **trabalho infantil**, banido pela Constituição Federal de 1988, em atitude considerada uma revolucionária conquista social por organismos internacionais como OIT e UNICEF. Na prática, contudo, sabe-se que crianças e adolescentes (20%) exercem, à margem da lei, desde atividades agrícolas a serviços insalubres, penosos e degradantes, altamente inadequados à sua compleição física, ao seu amadurecimento psíquico e, sobretudo, à sua inserção social através da educação.

Não obstante os programas do governo federal de estímulo à erradicação do trabalho infantil, constata-se, no universo da População Economicamente Ativa, com base em estimativas do Ibge-Censo 2000, O Globo – 9.5.02, Veja – 8.5.02, USP-Profª Ana Lucia Kassouf, O Globo – 7.9.02:

05 a 15 anos – 4,5 milhões
07 a 15 anos – 3,8 milhões
10 a 15 anos – 2,9 milhões – 6,65% – rural; 2,57% – urbana
10 a 17 anos – 5,6 milhões

Deste contingente, quase a metade (49%) concentra-se nos bolsões de miséria do Nordeste. Como Jailson, doze anos, em Pernambuco, vendendo coco às margens da BR 101, pelos mesmos R$2 por dia de trabalho. Enquanto isso, Pedrinho se esfalfa com o trabalho penoso do cultivo do sisal. Welinton, na insalubridade das carvoarias. Gislene, cinco anos, vende balas na rua em meio aos carros.

Face ao quadro tão desalentador, lê-se que Diretrizes Nacionais dos Direitos da Criança e do Adolescente – 2001 a 2005 – foram estabelecidas para assegurar recursos, privados e públicos, de variadas origens, a serem destinados pelas três esferas de governo, ao Fundo da Criança e do Adolescente. Finalidade: salvá-los.

Enquanto esses fatos diariamente acontecem no País, numa proporção e numa freqüência que nem a imprensa consegue acompanhar, em 6 de setembro passado, um incêndio destruiu uma igreja do século XVIII em Goiás – Matriz de Pirenópolis, de 1732, considerada uma das obras arquitetônicas mais importantes do período colonial, já amplamente restaurada pelo governo federal, entre 1996 e 1999, ao custo de um milhão de Reais.

Laudo técnico do IPHAN – Instituto do Patrimônio Histórico e Artístico Nacional – já alertara, em setembro de 2001, para risco de incêndio, em função de irregularidades incompatíveis com recomendações relativas a todo patrimônio histórico recuperado com recursos da Lei de Incentivo à Cultura.

Consternação em alto nível – presidencial, ministerial, institucional. "A destruição deste patrimônio da cultura brasileira provocou uma grande perda para todos nós...", lamentou o Presidente da República.

Destruída uma das mais importantes obras arquitetônicas do Barroco do Centro-Oeste. Comoção profunda...! Imaginemos, por um segundo apenas, tivesse sido a Basílica de São Pedro, no Vaticano...

"É uma tragédia. Uma dor o que ocorreu", disse o Ministro da Cultura, Francisco Weffort, assegurando a reconstrução da igreja, que não fará renascer o prédio histórico, mas... "Pena que não será mais a mesma", continuou o Ministro (O Globo, 7.9.2002).

Contatos feitos com as presidências do BNDES e da Petrobrás, obteve-se a garantia de verba para a reconstrução. No mesmo dia, soube-se que a empresa assumirá a reforma total, tendo o seu presidente liberado a verba pertinente – cerca de R$ 5 milhões (O Globo, Coluna Ancelmo Gois – Boa Ação). O povo de Pirenópolis não sofrerá por muito tempo a perda de sua Matriz, que Deus, além de brasileiro, é de Pirenópolis. Só não tem sido o Deus da criança brasileira...

É uma dor, sem dúvida. É uma perda. Mas e a dor da fome de Jaílson (12 anos), com renda diária de R$ 2? E a dor da fome de João, Maria e seus oito filhos, com renda mensal de R$ 80, dormindo no chão de terra batida, dividindo o pouco que têm para comer? Que Deus não nos permita esquecer a dor da fome dos outros milhões de indigentes, aquela que só conhecemos através das estatísticas.

"Por trás de cada vítima da fome, há um assassino." Palavras de Jean Ziegler, relator especial da ONU sobre Alimentação, responsabilizando multinacionais, governos, latifundiários, Banco Mundial, Fundo Monetário Internacional-FMI, e Organização Mundial do Comércio-OMC, para denunciar o que considera a mais flagrante violação dos direitos humanos: a fome no mundo (O Globo, 16.10.2002).

Sobre o Brasil, Ziegler tem pronto relatório, a ser divulgado em março de 2003, no qual denuncia que o país tem um dos mais altos índices de desnutrição do mundo: um a cada três brasileiros é desnutrido, sobretudo por causa da desigualdade social.

Apesar de reduzida a desnutrição infantil na última década, 280 crianças – menores de um ano – morrem por dia, vítimas de doenças causadas pela fome. E mais ainda: 16 milhões de brasileiros sobrevivem com menos de 250 calorias diárias, um índice muito aquém das 1.900 calorias/dia recomendadas pela ONU.

É este o Brasil 2002. Metade da população infantil é pobre!! Sendo que 4,5 milhões de crianças de 5 a 15 anos estão submetidas ao trabalho penoso. A sociedade brasileira adulta violentando a infância brasileira. É o caos social.

E o porvir desta infância fora da escola, trabalhando em condições desumanas, morrendo em vida, abortadas. Não é uma dor? Uma perda profunda? Uma constante violência? A própria extinção do patrimônio primordial do País?

O que pode ser mais importante do que a vida de uma criança brasileira, em tempos de paz, sem nem sofrer a guerra? De que adiantam os Censos, os Relatórios sobre a situação da criança, da saúde, do saneamento, da fome, da miséria, da violência, se os dirigentes destinam recursos (públicos ou privados) à recuperação de uma obra arquitetônica, em detrimento da criança – obra de Deus?

No plano das prioridades, a restauração da Matriz de Pirenópolis projeta-se como uma cabal inversão de valores. A consternação, a discussão sobre aspectos da restauração e a promessa de empenho financeiro do governo federal na reconstrução da igreja extrapolam os limites da insensibilidade no resguardo da vida humana, tanto quanto o empenho na salvação de baleias perdidas em qualquer mar ou oceano e de espécies de animais em extinção em qualquer floresta ou sítio ecológico.

Pasmem todos! Apesar desta aflitiva situação da criança, reportou-se, em página inteira (O Globo, 21.10.2002), que três macacos brasileiros figuram na lista dos 25 primatas mais ameaçados de grande risco do mundo, divulgada pela **Conservation International**: o muriqui-do-norte, o mico-leão-da-cara-preta e o macaco-prego-do-peito-amarelo. Embora em grande risco de extinção, o muriqui-do-sul, redescoberto na Serra dos Órgãos, não foi incluído na lista. Para salvar o macaco, o Ibama instituiu um comitê de especialistas para estudar o animal e propor ações para a sua preservação, tal como feito com o mico-leão-dourado. Felizardos estes macacos; possuem recursos humanos dedicados e à disposição. A criança já não tem tal sorte...

Imperativo reconhecer que a criança é a verdadeira espécie em extinção, no mundo – em tempos de guerra – e no Brasil – em tempos de paz. Ela é o patrimônio primordial, único capaz de preservar todas as outras espécies e patrimônios na Terra.

Portanto, há que de imediato salvá-la e para sempre preservá-la, se quisermos salvar, preservar e conservar o patrimônio moral, intelectual, cultural, artístico e ecológico do Brasil e do mundo.

Meninos e Meninas de Rua
– O Menor Infrator e o Crime –

Crianças existem no Brasil que, embora livres da morte violenta pelo infanticídio cometido por gestantes em pleno desespero, são vítimas, mesmo assim, da morte lenta pelo abandono em casa, nas instituições, nas ruas.

Vítimas inocentes da desordem psicológica de suas mães, elas próprias vítimas do descaso das autoridades, da sociedade incomodada, violenta e desumana, dos convencionalismos estereotipados, da ignorância...

Integram aquele contingente de crianças em situação de risco, mas na verdade, considerando-se o conceito de abandono em sua amplitude, encontram-se efetivamente em estado de abandono diferenciado. Vítimas do abandono material; de violência física, moral e sexual; de abandono jurídico; com desvio de conduta ou inadaptação ao meio; infratoras, desde cedo.

Esta iniqüidade se perpetua com a desordem sócio-econômica do país, instalada e nutrida pela contínua omissão dos Poderes Públicos, da sociedade, da Igreja, negando ao organismo social uma terapêutica preventiva que, de variadas formas, impeça o surgimento deste câncer na soberania e na alma nacional.

No Brasil, os Meninos e Meninas de Rua são o produto lógico das Rodas dos Expostos do Século XVIII. São o produto lógico da falta de sustentação econômica da família, da inexistência da prevenção ao abandono, da política assistencial da internação ainda indiscriminada do produto do abandono. São o produto lógico da omissão de todos os segmentos da sociedade, sem exclusão, desde o ano do Senhor de 1500.

Os Meninos e Meninas de Rua são o retrato de tudo o que se deixou de fazer para evitar o aumento de seu contingente. São o retrato do desrespeito amplo aos Direitos da Criança, em tempos de paz, que nossas crianças jamais lutaram nem morreram em guerras, mas elas morrem em vida no abandono diferenciado.

"Somente na África Austral morriam por dia cerca de 360 crianças em conseqüência da guerra provocada pelo ***apartheid***. No Líbano, depois de 10 anos de combates, mais de 20 mil menores perderam a vida". – Cadernos do Terceiro Mundo: Infância. O Futuro Comprometido, 1987.

"O número de mortes de menores de 18 anos por armas de fogo, no período de 1987 a 2001, foi oito vezes maior na Cidade do Rio de Janeiro do que na guerra entre Israel e Palestina. Enquanto no conflito do Oriente Médio morreram 467 menores, no Rio de Janeiro, 3.937 crianças e adolescentes engrossaram as estatísticas de assassinato por arma de fogo" (O Globo, 09.09.2002).

Nossas crianças não morrem em guerras, mas são crianças, algumas com famílias, que entram e saem de instituições, tendo perdido todas as referências do convívio familiar. São crianças entre 5 e 17 anos que não foram desejadas. Foram sim abandonadas ou abortadas em vida.

Nossa criança é estudada, debatida em congressos, em comissões parlamentares de inquérito; comemorada no Dia da Criança, no Ano Internacional da Criança; objeto de campanhas realizadas para angariar fundos em seu benefício. É conhecida em todo o mundo, porque personagem de livros, filmes, reportagens jornalísticas e campanhas internacionais de grande envergadura. Levantam bilheterias milionárias, mas os Pixotes, pequenos ou grandes, continuam aí morrendo a caminho da penitenciária. Continuam morrendo no palco da vida de outrem.

Trabalham e vivem na rua. Sem serem marginais, sofrem o estigma da marginalização. Presas fáceis, vulneráveis à exploração do adulto e, sobretudo, do narcotráfico, daquele poder paralelo, cuja existência todos temos sido obrigados a admitir.

Mas a violência do abandono, seja na família, seja na instituição, as fugas, as drogas, a humana e constante tentativa de sobreviver, são vozes mais altas, empurrando-os à delinqüência, como que chamando a atenção do mundo sobre o seu infortúnio.

Esta voz de revolta atinge em cheio a sociedade indiferente que, incomodada, reage punitiva e investe contra o menor. A sociedade pune o delinqüente porque o considera responsável pela elevação significativa do índice da criminalidade, e todo criminoso deve ser punido. É argumento simplista no que tange ao menor. A sociedade falhou na prevenção e vai falhar também na punição.

O menor infrator foi antes de tudo uma criança não querida, fruto de uma gravidez indesejada, um recém-nascido abandonado, talvez encontrado na lixeira de um prédio ou deixado num hospital, e imediatamente institucionalizado, internado numa creche do sistema "modelar" de assistência ao menor, onde continuou sofrendo o abandono e a privação materna.

O menor infrator foi Menino de Rua. Jamais teve um relacionamento afetivo constante e restaurador com um adulto capaz de valorizá-lo. Sua auto-estima, portanto, é nula. Além de tudo é vítima da repressão nas instituições, de onde foge e para onde volta recapturado como criminoso.

O menor infrator carrega portanto um longo histórico de punição para o qual a sociedade não foi sensível, no sentido da prevenção da delinqüência. Mas o grito de revolta deste menor foi suficiente para exacerbar a repressão social.

E o produto lógico desta insensibilidade repressora foi a presença, na população carcerária, já em 1983, de 30% de menores abandonados. Esta trajetória – do abandono ao cárcere – tem que ser bloqueada, e para tanto a sociedade tem que mudar a mentalidade, de punitiva/repressiva para preventiva.

Sandro é o protótipo desta trajetória. Nasceu em 7 de setembro de 1978. Menino de Rua, preso várias vezes por pequenos assaltos. Aos 9 anos viu a mãe ser morta a facadas. Estava entre os Meninos de Rua que assistiram à chacina da Candelária, passou por várias instituições para menores. Condenado a cumprir pena em regime semi-aberto depois de um assalto, passou um ano no presídio Edgar Costa, em Niterói. Tornou-se mais um ex-menor infrator a chegar ao último estágio na trajetória da criminalidade.

Liberado para o Natal, foi preso mais uma vez e terminou na 26ª DP, em Todos os Santos, delegacia, hoje desativada, na época considerada grande punição. Nela, Sandro dividiu um cela escura e minúscula com chefes do Comando Vermelho e acabou fugindo com eles. Sumiu e só reapareceu em 12 de junho de 2000, quando seqüestrou o ônibus 174, no Rio de Janeiro, ocasião em que morreu uma refém e ele próprio foi morto por asfixia dentro de um camburão. Outra refém sofreu um derrame e até hoje não fala, tem dificuldade para andar e vive com a filha e uma neta que sofre de hidrocefalia.

SANDRO TEVE ABORTADA A SUA VIDA E ABORTOU A VIDA DAS REFÉNS E SEUS FAMILIARES. HOJE, ANO 2002, SÉCULO XXI, SANDRO É PERSONAGEM DO FILME DOCUMENTÁRIO "ÔNIBUS 174", que fala do destino de Meninos de Rua como Sandro e com exibição pública desde o dia 4 de outubro passado ... E SANDRO, MORRENDO, COMO MORREU... NO PALCO DA VIDA DE OUTREM.

Mas a realidade brutal impõe que, mesmo diante da lei estática e do fato social dinâmico e triste, se envidem esforços para, de conformidade com o interesse da criança, aliviar tamanho sofrimento e bem assim propiciar-lhe uma perspectiva de vida condizente com a índole humana.

É um desafio. Um problema sócio-econômico-político-jurídico, cuja solução é política e depende do bom senso daqueles que têm o poder de inverter o processo, cada qual em seu campo de ação.

É um desafio, porque, apesar de toda a evolução no campo das idéias, no campo do Direito da Criança, importa reconhecer que até hoje muito pouco de positivo foi realizado na direção de sua reintegração à família e à sociedade. A criança continua nascendo rejeitada, vivendo e morrendo abandonada.

O Meio Ambiente e a Criança

– A Extinção da Espécie Criança –

A CRIANÇA É A ÚNICA ESPÉCIE CAPAZ DE PRESERVAR E CONSERVAR TODAS AS OUTRAS ESPÉCIES NO PLANETA TERRA.

O Brasil é o mais rico do mundo em diversidade biológica, abrigando 20% das espécies da Terra. A biodiversidade brasileira, com 55 mil espécies classificadas, possui a maior riqueza em plantas, em número de primatas (57 espécies), anfíbios (516 espécies) e peixes de água doce (3.000 espécies).

Estima-se que a exploração de compostos naturais brasileiros pela indústria química e farmacêutica poderia render ao país até duzentos e cinqüenta bilhões de dólares (O Globo, 30.08.2002).

Os 8.500 quilômetros do litoral brasileiro são marcados por diferentes ecossistemas, que abrigam enorme variedade de espécies, muitas delas ameaçadas de extinção. Na zona costeira, do Oiapoque (Amapá) ao Chuí (Rio Grande do Sul), vivem cerca de 70% da população (120 milhões). Já se sabe que os mares brasileiros abrigam 10% das espécies de peixes do mundo e que mais de 80% desses estoques encontram-se esgotados ou super-explorados.

Um acordo aprovado por ocasião da Cúpula Mundial sobre Desenvolvimento Sustentável (RIO+10), na África do Sul, estabelece que as nações devem recuperar áreas de pesca, até 2015, prevendo até 2012, a criação de zonas de proteção de marinha, garantindo a recuperação das espécies mais ameaçadas de extinção (34%) (O Globo/Planeta Terra, 04.09.2002).

Duas das mais importantes fontes de biodiversidade – os recifes de coral e as florestas tropicais – foram absurdamente degradadas. Aqueles, em 27%, embora protegidos pela Convenção da Biodiversidade, estas, em 2.4%, no mundo, e em 5%, na América Latina (Veja, 21.08.2002).

No universo animal, 25% dos mamíferos, 11% dos pássaros e metade das espécies de grandes primatas, nossos parentes mais chegados na cadeia evolutiva, devem desaparecer nas próximas duas décadas, se ações consistentes não forem desde logo encetadas para salvá-los. Nesse sentido, nos últimos dois anos, 200 espécies de aves, vêem sendo protegidas nos 160 mil hectares do Parque Estadual do Jalapão, no Tocantins.

Considere-se a conclusão de que o fator humano foi e está sendo determinante na degradação do planeta. É o desastre ambiental provocado pelo desespero da miséria abjeta em contraponto à orgia da riqueza econômica. O homem (6 bilhões) ultrapassou em 20% o limite de exploração passível de absorção pelo ecossistema global. A se manter esse ritmo, em vinte anos, perderá a razão de ser o processo de seleção natural das espécies.

Como viabilizar tais metas, dentre inúmeras outras? Tão-somente com o despertar das consciências e das vontades. Da autoconsciência, da consciência moral, da consciência coletiva. Assim como degrada o meio ambiente, cabe ao homem salvá-lo, preservá-lo e conservá-lo, por via da salvação prioritária e imediata da criança, hoje espécie em extinção – vítima da guerra ou vítima da paz.

Afinal, quem cuidará do planeta, nos próximos vinte anos? Quem transmitirá os ensinamentos de Gestão Ambiental nas escolas e julgará crimes contra o meio ambiente? Quem será o cidadão consciente do patrimônio moral, intelectual, cultural e natural do Brasil e do mundo? Os Meninos de Rua? Os adolescentes cooptados pelo narcotráfico? Os delinqüentes, marginalizados, dependentes de droga? Sem dúvida que sim!! Desde que salvos, imediata e prioritariamente, pelas mesmas consciências e pelas mesmas vontades.

O contigente humano no planeta está à deriva, sob os influxos do poder econômico, determinante do poder político, ambos na dependência do poder de Deus, substrato das várias religiões, cujas doutrinas interferem profundamente na capacidade de autodeterminação do homem, conseqüentemente dos povos primitivos e das nações organizadas. É o domínio do homem pelo homem sob os poderes de Deus, desde os primórdios da Humanidade.

Não teremos um mundo mais saudável e justo, se o ser humano, individualmente, não tentar sair de si mesmo indo ao encontro do outro, salvando-o, confortando-o, educando-o, transmitindo-lhe as verdades universais que compõem a sua própria herança de saber.

E o Princípio de Todas as Coisas é a Criança, Plena de Divindade!!

Criança Sujeito de Direito

Existem no Brasil duas crianças:
a criança desejada
e a criança rejeitada.
O que aqui propomos
é o passo decisivo
para acabar com tal distinção.
Que salvar a Infância,
salvar a criança,
é uma questão ecológica
tanto quanto salvar
a flora e a fauna do planeta.

Contracepção

– Controle e Planejamento da Prole –

Considerando-se os dados UNICEF/1987, que acusavam para o Brasil taxas de mortalidade infantil de menores de um ano (TM1) e de cinco anos (TMM5) de 6.4% e 8.7%, respectivamente, do total de nascidos vivos; considerando-se que a TMM5 representa um dos principais indicadores de desenvolvimento social, e tendo as Nações Unidas estabelecido a meta de TMM5 em 7% dos nascidos vivos; projetou a UNICEF que somente no ano 2000 alcançaria o Brasil esta meta. Portanto, já se previa a permanência do processo de aniquilamento da criança.

Em 1989, num universo populacional de 147.8 milhões, diante do mesmo grau de descaso governamental, nas áreas da saúde, alimentação e educação, agravado pela inércia preconceituosa dos outros setores da sociedade, com inflação de 35% ao mês, já se constatava a morte de uma criança menor de 5 anos a cada 20 minutos, o abandono de mais de 37 milhões de menores, e a existência de cerca de 220 mil criminosos condenados, postos em liberdade por força da superpopulação carcerária. Era a dívida social se aprofundando.

Era a criança que morria ao nascer, morria em vida no abandono e morria dentro de cada adulto criminoso irrecuperável, embora sob o beneplácito da lei de Deus e da lei do homem, em tempos de paz.

Com este quadro, não havia previsão aceitável para 1990. A década de 90 teria que trazer alívio à criança, independente de interesses em jogo e a despeito da desorganização socioeconômica do país. Mas não trouxe.

Em épocas quais sejam, políticas deverão ser traçadas e mantidas única e exclusivamente voltadas para impedir o aniquilamento da criança rejeitada. Haveremos de tutelar o direito da criança de forma preventiva, sob quaisquer circunstâncias. Em primeiro lugar o interesse da criança, o seu bem-estar, após o que se seguem os dogmas da lei de Deus e da lei do homem.

Nesta direção, cabe ao Estado, de forma efetiva, oficial e não escamoteada, através de suas instituições ou de entidades privadas, dar amplo acesso aos meios de conhecimento e controle do processo reprodutivo, a todos os estratos menos esclarecidos e privilegiados da sociedade. É um serviço que o Estado se obriga a prestar, notadamente com o fornecimento e aplicação gratuitos dos métodos anticoncepcionais específicos para cada mulher ou casal assistido.

Para tanto fará uso de todos os veículos de comunicação de massa, objetivando também esclarecer quanto à eficácia, efeitos, indicações e contra-indicações, vantagens e desvantagens de cada um dos métodos existentes, sem exclusão. Na prestação deste serviço, o Estado não interferirá no foro íntimo, no processo de decisão de cada mulher ou de cada casal.

Desde 1986, o governo brasileiro vem, muito timidamente, apesar da forte pressão contrária da Igreja e de outros setores da sociedade, tentando implementar algumas medidas neste sentido.

Mas esta atitude recuada, assaz ambígua, veio acarretar a "ação clandestina de médicos vinculados ao INAMPS, praticando grande número de ligações tubárias, tanto na rede hospitalar própria quanto naquela contratada".[1]

Esta ambigüidade também ocasionou a intensificação da prática de métodos abortivos drásticos, com prejuízo à saúde da mulher e, no eventual insucesso, com intenso so-

1 DOLTO, Françoise – "Solidão", Martins Fontes, 1998.

frimento da criança, conforme denunciam as estatísticas e as pesquisas Unicef/Opas/Ibge/1988 (Perfil Estatístico de Crianças e Mães no Brasil).

Esta realidade pode ser combatida com outra realidade mais adequada, que é a de simplesmente reconhecer e oferecer à sociedade, afluente ou não, os métodos mais modernos e eficazes de contracepção, sejam eles orais, tópicos ou cirúrgicos.

Contudo, muito é de se lamentar que a Igreja, em prejuízo das classes menos favorecidas, menos afluentes e esclarecidas, considere tais métodos "ilícitos e moralmente inaceitáveis, porque gravemente contrários às leis da procriação humana" (D. Ivo Lorscheiter, Jornal do Brasil, 26.01.1977).

Na mesma linha de oposição, e sempre sem considerar o interesse da criança, o Cardeal Vicente Scherer, em seu programa de rádio "A Voz do Pastor", citando o exemplo de países europeus, onde a média das populações é velha e já existem problemas de mão-de-obra no mercado de trabalho, prevê que a população economicamente ativa será menor do que a de aposentados e deixará imensas áreas livres no Brasil, o que será "alvo da cobiça de povos estrangeiros" (O Globo, 20.06.1989). Perdeu o Cardeal, nesta ocasião, significativa oportunidade de expressar apoio ao sofrimento da criança rejeitada.

Mas, apesar de toda esta tradicional e secular pressão da Igreja, se o governo adotar uma nova posição mais realista, porquanto fundada no fato concreto e sem ingerência de qualquer credo ou filosofia, conseguirá, com o suporte legal pertinente, evitar a busca desorientada destas práticas notoriamente prejudiciais, e até mesmo evitar o aborto, por desnecessário.

Não obstante fundamentarmos nosso trabalho exclusivamente no respeito aos direitos da criança, cujo interesse como sujeito deste direito é prevalente, constatamos que, por esta forma, além da criança, será a mulher também respeitada nos seus direitos.

Além do mais, "esta nova atitude deverá permitir, embora tardiamente, um maior controle e fiscalização sobre pessoas e instituições brasileiras e estrangeiras, que vêm tomando suas próprias iniciativas e decisões nem sempre de acordo com os reais interesses da população brasileira" (Perfil Estatístico de Crianças e Mães no Brasil, Unicef/Opas/Ibge/1988).

Constituição Federal de 1988

A Constituição Federal de 1988, em seu artigo 226, parágrafo 7º, determina que "fundado nos princípios da dignidade da pessoa humana e da paternidade responsável, o planejamento familiar é livre decisão do casal, competindo ao Estado propiciar recursos educacionais e científicos para o exercício desse direito, vedada qualquer forma coercitiva por parte das instituições oficiais ou privadas".

Esse parágrafo foi regulado pela Lei nº 9.263, de 12 de janeiro de 1996, publicada no DO da União, em 15 de janeiro do mesmo ano. Portanto, mais de oito anos após o Planejamento Familiar ter sido incorporado aos direitos constitucionais, como atributo da cidadania.

Na definição da Lei, Planejamento Familiar é "o conjunto de ações de regulação da fecundidade que garanta direitos iguais de constituição, limitação ou aumento da prole pela mulher, pelo homem ou pelo casal". Logo, o casal ou separadamente a mulher e o homem – com iguais direitos – estão habilitados ao exercício de ações pertinentes à regulação da fertilidade.

Os serviços referentes ao Planejamento Familiar serão garantidos pelo Sistema Único de Saúde – SUS, que autorizará, fiscalizará e controlará as experiências com seres humanos neste campo, atendendo a critérios estabelecidos pela Organização Mundial de Saúde – OMS. Outrossim, para os mesmos efeitos, poderão as instituições públicas agir em conjunto com aquelas privadas – filantrópicas ou não.

Lamentável foi, à época, o veto do Presidente a artigos dessa lei que autorizavam a rede pública de saúde a realizar gratuitamente cirurgias de esterilização, como métodos anticoncepcionais: a laqueadura (ou ligadura) de trompas, no caso da mulher, e a vasectomia, no caso do homem. Os recursos contraceptivos mais usados no Brasil em 1996: laqueadura (44.5%); pílula (19.2%); camisinha (3.4%); DIU (3.3%); vasectomia (1.8%). Fonte: Ministério da Saúde.

O Censo de 1996 confirmou a projeção de queda na taxa anual de crescimento da população brasileira (1.2%). Isto se deu voluntariamente, diferentemente da China, onde as famílias mais numerosas deixam de receber importantes subsídios para alimentação, educação e habitação.

Apesar deste perfil de queda demográfica, impõe-se a expansão dos programas oficiais de planejamento familiar, que oferecem o pleno acesso aos modernos métodos anticoncepcionais. A falta deles afeta diretamente o incremento dos casos de gravidez indesejada, que ocorre justamente pela ausência de informação e de assistência para mulheres dos estratos sociais menos favorecidos.

Veja-se a realidade de José, em 2002: 11 filhos, ambulante, meio salário-mínimo mensal, ele e 7 filhos desempregados são parte do contingente de 50 milhões de indigentes (com renda familiar mensal per capita inferior a R$ 80). Será que José teve chance de planejar sua prole. Será que ele e sua mulher (ou mulheres) tiveram acesso a métodos eficazes de contracepção?

Em visita a qualquer favela (se ainda possível for...), perguntados sobre suas proles numerosas, tem sido unânime a preferência por condições seguras de contracepção. Por que não facilitar a pessoas não esclarecidas o amplo acesso a informações e recursos gratuitos, na busca de uma decisão consciente sobre quantos filhos podem criar com dignidade?

Por via do planejamento familiar, pode-se combater a exclusão social, o problema da desigualdade, levando-se as classes menos favorecidas da pirâmide social a acompanhar o perfil demográfico da classe média. Nada obstante, um assunto de tamanha envergadura, que deve ser vinculado às políticas públicas de saúde, não tem feito e ainda não faz parte de nenhum debate ou plano de governo, à época de eleições municipais, estaduais e presidenciais. Isto porque planejamento familiar ainda se confunde com controle da natalidade, idéia que arrepia a Igreja conservadora e os liberais pelo que chamam de interferência do Estado restringindo a liberdade individual.

No que tange às classes alta e média alta, talvez até a classe média, ao que se sabe, desde 1960, passaram a assumir, naturalmente, o planejamento de suas proles. Isto é uma reação automática de quem recebeu educação, de quem é esclarecido.

No Brasil, mulheres com quatro anos de estudo têm, em média, metade do número de filhos daquelas analfabetas. Logo, prole numerosa significa desinformação. A médio prazo, deve ocorrer a queda na taxa de crescimento demográfico, desde que aumente a escolaridade da população.

Quanto à faixa da sociedade mais esclarecida e privilegiada, ter ou não um filho vai depender da consciência do dever que se tem para com os direitos deste filho. É preciso honestidade no conhecer as verdadeiras possibilidades de respeitar os interesses da criança, que ela tem o direito de vir ao mundo, mas a um mundo com o dever de bem acolhê-la.

Este processo saudável de conscientização é o que se entenderia por planejamento da prole, planejamento familiar, e que alguns chamam de paternidade responsável. Qualquer que seja sua denominação, pressupõe capacidade de planejar. capacidade material, emocional, pessoal, da mulher ou do casal envolvido. Além do que, desde 1988, é disposição constitucional.

Constitui-se no momento íntimo, em que se traça verdadeiramente o destino da criança, em que se determina o mundo que a vai acolher. Momento este em que também não cabe a menor interferência do Estado, da Igreja, da sociedade. Basta que existam as condições de decidir exclusivamente voltadas ao vir-a-ser saudável da criança.

A contracepção não é um problema de ética ou de religião, nem tampouco de política, de demografia ou de economia, salvo quando está em risco o bem-estar da criança. É na verdade um problema de saúde e motivação da mulher e, mais do que tudo, uma questão de dignidade de vida para a criança – sujeito deste direito.

Portanto, as mulheres de qualquer classe e idade, indiscriminadamente, deverão ter acesso a todos os métodos de contracepção modernos, eficazes e não prejudiciais à sua saúde, porque a criança indesejada sofre os efeitos da rejeição, independentemente da classe social em que nasça.

Mas ocorrendo uma falha no processo de contracepção ou mesmo um incidente de qualquer ordem no decorrer da gestação, um ou outro colocando em risco a dignidade da vida futura da criança, não se poderá impedir, dificultar ou retardar, sob qualquer argumento, a interrupção da gravidez.

Aí o interesse da criança de usufruir as benesses de uma vida digna sobrepõe-se aos demais direitos humanos, até mesmo ao direito da mulher-mãe.

Aborto – O Mito

O aborto é um fato. Um fato concreto. Um fato social. Costume antigo e notório. Existe, e nenhuma voz pode ignorá-lo ou negá-lo. Vozes podem até condená-lo ou criticá-lo, mas jamais proibi-lo, sob pena de intensificar sua prática clandestina. Como realidade, se tiver que ser evitado, o será somente pelo confronto de uma outra realidade melhor, mais aceitável e sobretudo eficaz.

Aborto – A Lei de Deus e o Poder da Igreja

Mas para a lei de Deus, defendida pela Igreja Católica, o aborto é um crime. O "Crime de Herodes", disse D. Vicente Scherer, Cardeal de Porto Alegre, em O Globo, 6.2.1973, classificando o aborto, moral e juridicamente, como homicídio, e acusando o Estado de dar proteção a médicos, parteiras e gestantes que o praticavam. Em sua fala, via o aborto como "suprimindo o direito fundamental e primário de toda criatura humana; que cada vida humana, desde a concepção, tem um destino glorioso e insubstituível e, mesmo em condições de pobreza e sofrimento, participa do mistério da criação, e está inserida nos planos divinos de amor e salvação".

Na realidade, Herodes, ao ordenar a morte de todos os meninos de até dois anos, efetivamente cometeu um crime. E sua motivação, ignóbil. Logo, não deveria a Igreja usar argumentação, tão insustentável quanto pueril, para considerar crime as práticas realizadas por médicos, parteiras ou gestantes, com a finalidade de interromper uma gravidez não desejada, mas instalada por falta ou falha de métodos naturais ou artificiais de contracepção.

Quanto ao Estado, tem-se que é justamente sua omissão que leva essas gestantes, na ignorância do processo reprodutivo e dos métodos para planejá-lo, a recorrerem incorretamente ao aborto como meio de controle da prole.

Além disto, é um desrespeito à criança deixar a Igreja de considerá-la com direito "primário e fundamental" não só à vida, mas a uma vida digna e saudável, para determinar o seu destino "glorioso e insubstituível", mesmo que sofrido, e admiti-la como partícipe do "mistério da criação", e ao mesmo tempo inseri-la nos "planos divinos de amor e salvação".

Ora, desta forma, a Igreja exerce um poder de vida e morte sobre a criança, já que admite que, se ela nascer e for abandonada no lixo – uma das múltiplas formas de morte – passará a fazer parte dos "planos divinos de amor e salvação". Eis que são as leis de Deus – ditadas pela Igreja – influindo nas leis do homem. Ambas sacrificando a criança enjeitada, obrigando-a a mergulhar em um mundo hostil.

Mas não é isto que Deus quer para a sua criatura, a quem deu o direito natural de nascer para ser feliz, para se desenvolver e alcançar seu potencial como ser humano de sadia auto-estima. Afinal, ser um adulto completo.

Na sua tradicional intransigência em considerar o aborto uma ofensa à lei de Deus, a Igreja, na pessoa do Papa Paulo VI, logo após entrar em vigor, na Itália, a lei do aborto, chegou a ameaçar os católicos com o castigo da excomunhão, caso fizessem uso de quaisquer práticas abortivas (Jornal do Brasil, 8.6.1978).

Esta atitude medieval, num mundo que já pisou o solo lunar, não conseguiu impedir a prática do aborto em nenhum feudo do velho mundo, em nenhuma comunidade organizada do novo mundo e muito menos na desordem social do terceiro mundo.

No final da década de 80, por exemplo, no Brasil, conforme estatística da Organização Mundial de Saúde, realizavamse anualmente cerca de três milhões de interrupções de gravidez. Um número total de abortos clandestinos quase igual ao número de nascimentos. Neste quadro, constatou-se que a mortalidade materna, em decorrência desta prática, era cinqüenta vezes maior do que nos países desenvolvidos, com um número de óbitos da ordem de 40 a 50 mil.

Diante disto, evidencia-se que esta proibição radical ao aborto só exacerba a sua prática clandestina, mantendo-se uma situação hipócrita, prejudicial à mulher nos aspectos físico, psicológico e emocional, pelas más condições em que é realizado.

Na amplitude conservadora de seus argumentos contrários ao aborto, a Igreja insiste em que, ao praticá-lo, está-se matando um ser humano que "nada pode fazer para defender-se". Na mesma tônica, alerta a sociedade brasileira para os "riscos desastrosos de uma sociedade, como a européia, carente de jovens e de criatividade, e cujas lideranças são idosas" (D. Ivo Lorscheiter, Presidente da CNBB, Jornal do Brasil, 7.5.1980).

O alerta do Presidente da CNBB nos conduz à triste realidade do jovem brasileiro à margem do convívio social; à situação degradante em que foi colocado o menor no Brasil, por omissão do Estado, da Igreja, da própria sociedade, em tempos de paz!

E quando se sabe que no Brasil de 2002, metade da população infantil é pobre, e que 4,5 milhões de crianças de 5 a 15 anos estão submetidas ao trabalho penoso, mais facilmente cabe perguntar onde está o futuro do Brasil, onde está a liderança jovem? Certamente será encontrada fazendo estágio probatório nas ruas do país. Superlotando os abrigos de menores infratores, mergulhados em taxas excessivamente elevadas de analfabetismo e drogas. Ou, quem sabe, formando o contingente de 5.500 jovens menores de 18 anos, envolvidos com o narcotráfico, trabalhando armados, em 337 bocas-de-fumo, só na Região Metropolitana do Rio de Janeiro (O Globo, 6.9.2002).

No Brasil, o sentido de liderança para o jovem é terciário. Ele primeiro tem que sobreviver, tentar – aí sim, com muita criatividade – pelo menos não chegar à penitenciária, o que atualmente não tem sido possível. Diante de nossa realidade, este jovem está sem chances até de alcançar o estágio de cidadão.

O importante em uma sociedade não é a falta de jovens, mas sim os atributos desses jovens, sua qualificação para existirem, para liderarem. O nosso contingente de Meninos de Rua nos reflete um futuro marginal, um país tão carente quanto o seu menor. Um problema, por exemplo, que a Pastoral do Menor pode apenas minorar. Resolver... somente atacando as causas do fenômeno pela humanização dos mandamentos da lei de Deus, adequando-os à realidade do homem, sem jamais negá-la.

A não ser assim, a Igreja, ao manter sua atitude radical contrária ao aborto e à contracepção por métodos artificiais mais modernos – reconhecidamente de maior eficácia – nada de positivo trará à sociedade em socorro da infância, apenas a permanência da progressão do abandono e da prática clandestina do aborto.

A não ser assim, a Igreja nada mais estará fazendo que determinar o destino sacrificado da criança; obrigando-a a nascer num mundo que não a deseja, para morrer neste mesmo mundo, lenta e gradualmente, também sem "nada poder fazer para defender-se", e tendo que aceitar, por imposição, fazer parte dos "planos divinos de amor e salvação". E tudo isto na concepção serena e consciente de D. Vicente Scherer, do Clero, da Igreja e, por via de conseqüência, do Estado e da sociedade.

Desumana esta atitude. A criança não desejada deve ser protegida de um futuro – um vir-a-ser – adverso. É o mínimo que se pode esperar da prática da caridade cristã... Claro que melhor compreendida do que aquela preconizada pela Igreja de Deus.

Em verdade a Igreja não se pode colocar numa posição de pastora de rebanhos, que não reconheça os problemas e anseios da condição humana de suas ovelhas, deixando assim de lhes oferecer alívio.

Urge que desça do seu pedestal e, em nome da Bondade Divina, efetivamente ajude o ser humano na busca da felicidade e do amor, aqui mesmo na Terra: no trabalho, no lar, no lazer, no convívio simples com seus semelhantes, sem culpas, sem preconceitos.

Enaltecer a resignação da criatura humana aos desígnios de Deus diante da adversidade é pregação por demais transcendente. Surte efeito justamente nas faixas menos esclarecidas, menos privilegiadas da sociedade. Mas retira do homem a autoconfiança, a capacidade de gerir seu próprio destino, de transformar a realidade que lhe é desfavorável em experiência positiva em prol do seu bem-estar e, por extensão, em prol do bem-estar da humanidade.

Tal efeito não se verifica nas faixas sociais mais esclarecidas e privilegiadas, capazes de, mentalmente, melhor elaborar os dogmas da lei de Deus e bem inseri-los no contexto da condição humana.

A reiterada oposição da Igreja em relação ao aborto inclui os casos de interrupção da gravidez, por anomalia ou enfermidade incurável detectada no feto – o aborto eugenésico – e até mesmo a condenação das investigações intra-uterinas para tal fim.

Argumenta a Igreja que "a discriminação dos fortes e sadios contra os fracos e doentes é tão condenável quanto a discriminação racial" (O Globo, 13.3.1981). Ainda neste sentido, o Papa João Paulo II condenou as "investigações intra-uterinas para detectar anomalias no feto a fim de eliminá-lo depois rapidamente, a não ser que se trate de uma última tentativa para salvá-lo de uma morte certa" (Jornal do Brasil, 15.12.1982).

Eis mais uma vez a Igreja exercendo seu poder de vida e morte sobre a criança. Poder este determinando a sua vinda ao mundo sem respeitar seu direito natural, essencial e básico não só à vida, mas, repita-se, a uma vida digna e saudável, já por si plena dos sofrimentos inerentes à própria condição humana.

Poder este cruel a ponto de lhe impedir o exercício pleno deste direito, quando nascida portadora de deformações congênitas, pois certamente estará despreparada para enfrentar os desafios do próprio mundo, mesmo livre da discriminação. Tudo lhe será mais difícil, certas metas até mesmo impossíveis de alcançar. Suportará, sem dúvida uma dependência prolongada, quando não vitalícia.

No interesse único da criança, sempre que necessário, além da aplicação das mais modernas formas de tratamento intra-uterino com vistas ao nascimento de uma criança saudável, qualquer adulto de bom senso e humanidade tentará impedir a sua vinda ao mundo em condições desfavoráveis de vida futura – a priori conhecidas.

Do contrário, será puro egoísmo ou forte tendência ao heroísmo – disfunção psicológica – às custas do bem-estar da criança. Exemplo de egoísmo assaz prejudicial aquele do casal de lésbicas, ambas surdas, que, através inseminação artificial com a participação de um mesmo doador, também surdo, deram à luz duas crianças surdas. Sua motivação expressa: o direito de se comunicarem livremente com elas. Nem sequer admitiram que lhes impuseram limites ao potencial, negando-lhes vantagens de competitividade vida afora.

Por outro lado, como é óbvio, qualquer deficiência adquirida em vida deverá ter da humanidade o tratamento e o respeito que merece, condenadas e punidas, moral e legalmente, todas as formas de discriminação.

Com o advento da AIDS, síndrome da imunodeficiência adquirida, esta atitude radical de condenação da prática do aborto eugenésico colocou a Igreja em posição sobremodo incômoda, porque desumana, injusta.

O teólogo italiano Élio Sgreccia, diretor do Centro de Bioética da Universidade Católica de Roma, escreveu, em artigo para a revista "Perspectivas en el Mundo´, também católica, que uma mulher grávida, sofrendo da síndrome de imunodeficiência adquirida, não poderia abortar, mesmo que arriscasse transmitir a doença ao filho. E que nenhuma doença pode justificar a eliminação de uma vida já concebida", uma vez que "esta vida tem um valor prioritário e anterior à sua qualidade e toda existência, desde o momento da concepção, deve ser defendida e respeitada, ainda que seja necessário fazer o possível para que a criança possa nascer sã" (O DIA, 11.12.1986).

Considerando-se a devastação causada no organismo humano por esta síndrome e o sofrimento generalizado suportado pelo paciente, admitir que não se impeça o nascimento de uma criança condenada a esta doença é intolerável. Argumento nenhum se sustenta diante da visão do sofrimento de uma criança.

E mesmo que amanhã venha a ser curável, a dizer pela extensa batalha científica com este fim, a criança tem direito de nascer saudável. Os adolescentes têm o direito de enfrentar os desafios da juventude, livres dos percalços da infecção pelo vírus, dos sentimentos de ambigüidade com relação aos pais biológicos – mortos ou ainda vivos – responsáveis pela herança deixada.

Não é crível que este quadro esteja "inserido nos planos divinos de amor e salvação", conforme argumento contrário ao aborto sustentado pelo Cardeal D. Vicente Scherer, quando afirmou que "cada vida humana, desde a concepção, tem destino glorioso e insubstituível e, mesmo em condições de pobreza e sofrimento, participa do mistério da criação". Esta não pode ser a Igreja de Deus – humana, amorosa, protetora dos aflitos. Esta é verdadeiramente a Igreja exercendo o seu poder.

A Igreja, na pessoa do Papa João Paulo II, nesta condenação ao aborto e às práticas intra-uterinas para detecção de anomalias fetais, afirma que o homem é em primeiro lugar "realidade espiritual" que precisa encontrar um "significado" (Jornal do Brasil, 5.12.1982).

Não ousamos discordar, mas havemos de reforçar a idéia de que o homem é espírito e matéria também. É este ser integrado que precisa encontrar um significado para a sua vida. Para tanto lhe foi dado o livre arbítrio.

Cabe a ele formular incessantemente uma nova interpretação da vida. Mas não o fará enquanto tutelado pela lei de Deus (dogmatizada pela Igreja) e, em conseqüência, pela lei do homem, impedido que está de formular livremente, sem coação moral ou legal, sua própria concepção do que é certo, do que é errado. O homem precisa conhecer sozinho até que ponto deve e pode errar; precisa interpretar e trabalhar seu erro; precisa conhecer o seu limite.

Através de uma pregação coerente da Igreja, Deus tem que deixar de ter razão em tudo o que acontece na vida humana para que o homem possa sentir e fazer sentir a seus semelhantes o seu real valor nesta curta vida terrena. Se o homem sofre, é por que Deus sabe o que faz. Se o homem é feliz, é graças a Deus. Se a criança tem fome, Deus há de prover. Jamais é o homem quem provê. Afinal, Deus lhe deu o livre arbítrio!

Este homem, sem a razão de ser como homem, perde a motivação para a luta pela vida, é manipulado pelos sentidos... fome... sede... dor... Resignado, não age, não procura mudar a realidade que lhe é adversa. Espera em Deus... a céu aberto ou no templo.

O homem esclarecido é a certeza de família e sociedade esclarecidas, cultura e civilização desenvolvidas. O homem esclarecido decide por si. Pode até errar, mas não é massa de manobra. Sabe planejar a vida. E isto é bom para a nação. É bom para a humanidade.

No Brasil, são dramáticas as condições sócio-econômicas em que vive a maioria da população. É de fato a enorme miséria, em tempos de paz, sobre um solo de enorme riqueza. Mas não se diga, conforme D. Luciano Mendes, que essas condições de miséria provocam o impressionante número de abortos aqui praticados (O Globo, 14.5.1985).

O aborto não é conseqüência da pobreza. A mulher brasileira pratica o aborto por falta de educação – particularmente de educação sexual e reprodutiva – e por falta de acesso a meios de contracepção eficientes e seguros, ou por falha deles. Esta falta pode ser por desconhecimento do processo reprodutivo e dos métodos contraceptivos existentes, naturais ou artificiais, ou ainda pela impossibilidade financeira de os adquirir ou de a eles se submeter. Isto quer dizer que a mulher pratica o aborto, porque o governo e a sociedade não lhe garantem uma contracepção tranqüila, sem culpa. A mulher aborta por falta de opção.

O aborto é uma intervenção cirúrgica que agride a mulher, física e psicologicamente. A mais prejudicada, evidente, é aquela pertencente às classes menos esclarecidas e afluentes: a mulher pobre e ignorante das zonas urbana e rural de todo o Brasil. Esta mulher, vivendo em condições miseráveis, sofre ainda um forte complexo de culpa, justamente pela pressão exercida em sua vida pela Igreja e pela lei, ambas considerando a prática do aborto crime capitulado no Código Penal. São as pressões, religiosa e legal, que, longe de impedirem, incentivam a clandestinidade do aborto, em prejuízo também da saúde da mulher.

A pressão e o poder da Igreja no Brasil, contrários à contracepção e ao aborto, são fortes a ponto de interferirem na feitura, execução e aplicação das leis. Os bispos gaúchos, representados por D. Sinésio Bohn, tomaram-se de indignação pelo fato de o projeto da Constituição Estadual incluir um artigo que determinava ao Estado "fornecer tecnologia tanto para se exercer a procriação quanto para não se a exercer". O que soou para eles como clara permissão ao aborto, cabalmente contra a proposta da Igreja que prevê, como dever do Estado, a proteção à vida (O Globo, 8.6.1989).

Esta ingerência se perpetua. Uma liminar concedida pelo Tribunal de Justiça do Rio de Janeiro tornou sem efeito a lei municipal nº 3339, que passou a permitir a prática de aborto em hospitais da rede do Município em casos excepcionais, como estupro sofrido pela mãe ou anomalia do feto. Sancionada polo Prefeito em dezembro de 2001, a referida lei, que implantou no Estado o Programa de Incentivo à Paternidade Responsável e ao Planejamento Familiar, causou forte reação da Igreja Católica.

A liminar foi requerida pelo deputado estadual Carlos Dias (PPB), membro da Renovação Carismática Católica e um dos principais representantes da Igreja na Assembléia Legislativa do Estado, com o argumento de que a lei municipal vinha tratando o aborto como prática legal, contrariando o artigo 128 do Código Penal.

Contesta outrossim o deputado a constitucionalidade da lei municipal em relação às medidas de planejamento familiar, segundo ele, contrárias à reprodução humana, porque permitia a prática de ligadura de trompas e de vasectomia. A Procuradoria Geral do Município se pronunciará quanto a recorrer ou não da decisão (O Globo, 10.01.2002).

Nada a contestar nos resta. A não ser trazer à tona o Parágrafo 7º, do Artigo 226, da Constituição Federal de 1988, regulamentado pela Lei nº 9.263, de 12 de janeiro de 1996, garantindo à mulher, ao homem e ao casal, direitos iguais de controle da fecundidade, através do acesso a meios contraceptivos, incluindo expressamente a laqueadura e a vasectomia. Além do que a prática destes métodos foi oficializada nos hospitais públicos, na década de 90, a ponto de atualmente 40% das brasileiras em idade fértil já terem se submetido à laqueadura. É um fenômeno brasileiro resultante da opção da mulher pelo método que lhe parece mais conveniente.

Mantém-se esta ingerência, porque os direitos da criança não têm a voz nem o poder político necessário para tocar as consciências dos seus responsáveis, além dos limites da retórica. Como criança não vota, é preferível não comprometer uma posição político-partidária, atual ou futura, em se admitindo favorável a todas as formas de evitar o nascimento de uma criança fruto de uma gravidez indesejada. Por que criança não vota, o assunto inexiste na pauta partidária; até hoje é tabu político. Intocável. Desestabilizaria a aliança harmônica dos partidos. Como criança é silente, basta que se denuncie e condene por crime quem praticou qualquer ato impeditivo do nascimento de uma criança cujas chances de um vir-a-ser saudável são nulas, que a lei existe para ser cumprida. Na Justiça se pensa depois...

Parece-nos não valer a pena defender a criança... Se ela incomodar, basta interná-la e tutelar seu direito dentro da instituição. E a sociedade toda se tranqüiliza... Pelo menos assim tem sido há cinco séculos.

Quanto ao seu futuro, seu destino "glorioso e insubstituível", considerando-se que ela já "participa do mistério da criação e está inserida nos planos divinos de amor e salvação", para a tranqüilidade de D. Scherer e da Igreja, seu destino a Deus pertence...

Contudo, **GRAÇAS A DEUS,** nos cabe relatar que, no segundo semestre de 2004, fatos vieram à tona através múltiplos meios de comunicação, dando conta de que o

Presidente do Supremo Tribunal Federal defendera a liberação do aborto. Não só isso, de que o Governo resolvera rever a Lei do Aborto e conceder tratamento digno às mulheres após aborto. Mais ainda, somos informados de que o Juízo da 1ª Vara Criminal de Goiânia deferira autorização judicial para a realização de aborto de feto anencefálico. Imediata reação teve a CNBB, que considera "desatino" a revisão da legislação sobre o aborto.

Tais fatos não confrontam a decisão do Plenário do STF de cassar uma liminar, concedida em julho pelo Ministro Marco Aurélio Melo, garantidora da antecipação dessas gestações. Decisão definitiva sobre o tema é esperada ainda para 2005, com o julgamento do mérito da ação movida pela Confederação Nacional dos Trabalhadores da Saúde-CNTS, cujo escopo insiste no reconhecimento do direito de as mulheres interromperem a gravidez, em casos tais... Eis que se perpetua a realidade da ingerência da Igreja na feitura da lei do homem, determinando o destino da criança.

Aborto – A Lei do Homem e o Poder da Igreja

A lei do homem também considera o aborto um crime. Conforme Celso Delmanto, Código Penal Comentado, para a lei penal brasileira, aborto é a interrupção do processo de gravidez, com a morte do feto.

São seis as figuras do aborto: 1 – aborto provocado pela própria gestante ou auto-aborto (artigo 124, 1ª parte); 2 – com o consentimento da gestante a que outrem lhe provoque o abortamento (artigo 124, 2ª parte); 3 – aborto provocado por terceiro sem o consentimento da gestante (artigo 125); 4 – aborto consensual – provocado por terceiro com o consentimento da gestante (artigo 126); 5 – aborto qualificado por superveniência de lesões graves ou morte da gestante (artigo 127); e 6 – aborto legal (artigo 128), que é impunível, aquele praticado por médico autorizado para salvar a vida da gestante (inc. I) e aquele precedido de consentimento da gestante ou, quando incapaz, de seu representante legal, se a gravidez resulta de estupro.

O objeto jurídico do crime de aborto é a preservação da vida humana, e também a vida e a incolumidade da gestante. A lei penal classifica o aborto como crime doloso, porque o agente quis o resultado ou assumiu o risco de produzi-lo; e comissivo ou omissivo, conforme seja praticado por ação ou omissão.

Na figura do aborto com consentimento da gestante, tanto ela quanto quem o praticou incorrem nas penas da lei. Até mesmo quem auxilia a gestante, acompanhando ou pagando, será considerado co-partícipe.

Quanto ao **aborto legal**, impunível, são duas as hipóteses aceitas pelo direito brasileiro em que a prática do aborto não é considerada crime: 1 – Aborto necessário, ou terapêutico, e 2 – Aborto sentimental, ético, ou humanitário.

O **aborto necessário ou terapêutico** é aquele praticado quando não há outro meio de **salvar a vida da gestante** – e não apenas a saúde. A lei exige que a intervenção seja realizada por médico, embora, diante do perigo de vida iminente, outra pessoa não habilitada possa realizá-la, acobertada pela excludente do estado de necessidade. Da mesma forma, para sua prática é dispensável a concordância da gestante ou de seu representante legal.

O **aborto sentimental, ético ou humanitário** é aquele realizado em caso de gravidez **decorrente de estupro**, seja com violência real, seja com violência presumida, ou ainda, por analogia, em gravidez resultante de atentado violento ao pudor, conforme a doutrina mais moderna. Para que a sua realização seja lícita, a lei exige o prévio consentimento da gestante ou de seu representante legal. Todavia, não impõe a lei qualquer autorização judicial, ficando a intervenção ao inteiro arbítrio do médico.

"Não é necessário que exista processo contra o autor do crime sexual; nem, muito menos, que haja sentença condenatória. O próprio médico deve procurar certificar-se da veracidade do alegado pela gestante ou seu representante. Recomenda-se, para segurança do médico, que este obtenha o consentimento da mulher, ou de seu representante legal, por escrito ou na presença de testemunhas idôneas".

Nada obstante, em dezembro de 1997, aguardou-se autorização da Justiça para o aborto por estupro em duas meninas – **11 anos**, grávida de 4 meses, autor: não parente; **13 anos**, autor: o pai biológico. Autorização com base na violência presumida – vítimas menores de 14 anos. Não foram estes os únicos casos. O Instituto Fernando Magalhães, Sapucaia, informa já ter feito 20 abortos legais causados por estupro, de 1988 a 1996. Pela lei, basta um boletim de ocorrência policial, exame de corpo de delito no IML comprovando o estupro e declaração escrita da paciente (O Globo, 16.12.1997).

Espera-se breve reformulação, ampliando-se as dimensões do aborto legal, por imposição da pressão social. Não será possível manter na ilegalidade ainda por muito tempo a prática do aborto para resguardar a saúde da gestante comprometida pela gravidez (Celso Papaleo, Aborto e Contracepção, 2000).

Não obstante, ainda que se reconheça a probabilidade de a criança nascer com deformidade ou enfermidade incurável, a lei penal brasileira não legitima o **aborto eugenésico, ou eugênico**. Não se compreende esta total proibição do direito positivo brasileiro. Espera-se, também, que a pressão social abra os olhos da elite legiferante, no sentido de o quanto antes suprimir tais restrições, levando-nos inclusive à liberalização do aborto.

Diante da posição da Igreja e do ordenamento jurídico, com suas respectivas influências, na década de 80, não restava a um enorme contingente de mulheres – quatro milhões/ano, pela estimativa da Organização Mundial de Saú-

1 PAPALEO, Celso – "Aborto e Contracepção", Renovar, 2000.

de – senão a prática clandestina do aborto, com uma conseqüência inquietante, inaceitável, imoral, de 40 a 50 mil óbitos maternos. Anualmente, estas mulheres passavam a carregar o fardo da culpa e do crime, mas, na verdade, tendo ou não consciência do alcance de seu ato, elas impediam um crime verdadeiro – qual seja aquele de jogar no mundo hostil uma criança, sem condições de defesa de seus básicos interesses, para lentamente morrer no desamor.

Já em 1991, o Instituto Alan Guttmacher, cruzando dados sobre população, probabilidades e internações, baixou esse número para 1,4 milhão de abortos. Para 2000, estimou-se algo entre 700 mil e 1 milhão de abortos. Como conseqüência imediata, a drástica redução do número de internações pós-aborto – 238 mil, com queda do número de óbitos maternos para 28/ano, em 2000.

Prenuncia-se uma queda mais acentuada do número de abortos, em função da evolução dos métodos contraceptivos, a nova geração de medicamentos que substituem o aborto, através da "anticoncepção de emergência", nome técnico da pílula do dia seguinte, vendida no Brasil, desde 1999. Se tomada corretamente, libera substâncias que dificultam a fecundação e impedem a concretização da gravidez. O que já ocorreu em quase 2 milhões de casos, evitando um número significativo de abortos.

Espera-se que, com sua eventual distribuição em postos de saúde, a incidência de abortos caia 30% no Brasil – 10% só entre adolescentes (Regina Figueiredo, socióloga-antropóloga, e Maria José Araújo, Secretaria Municipal de Saúde, SP, em Veja, 28.11.2001). A Igreja já se posicionou contrária ao método. Adquiridas e usadas, com ou sem permissão da Igreja, ou das autoridades, as novas pílulas representam, em termos de segurança para a saúde da mulher, um enorme avanço na técnica do aborto.

Contribuíram, outrossim, para a diminuição da prática do aborto, além da esterilização feminina (laqueadura) e masculina (vasectomia), a distribuição gratuita de preservativos, face ao combate da AIDS, e as campanhas oficiais chamando atenção ao planejamento familiar.

Em países desenvolvidos, incluindo Itália (terra do Catolicismo), o aborto é prática permitida há 25 anos. A questão do aborto é polêmica. Desperta controvérsia até no tronco da própria Igreja. O padre americano John McCloskey diz que a "Igreja não vai mudar. A posição do Papa sobre divórcio, natalidade, aborto, contracepção, não pode mudar, pois está ligada ao que é a Igreja Católica. A Igreja propõe a verdade a seus fiéis, não impõe. Se alguém não concordar, está livre para sair. Note que a Igreja Católica não é uma democracia. É uma instituição divina que não pode ser questionada" (Veja, 16.10.2002).

Por seu turno, a freira católica e brasileira, irmã Ivone Gebara, 48 anos, freira há 25, filósofa e teóloga, habituada a adotar posições polêmicas dentro da Igreja, pertencente à Congregação Irmãs de Nossa Senhora, que se dedica à educação de menores carentes, após longo convívio com os pobres, formou raríssima convicção na Igreja: é a favor da legalização do aborto.

Afirma: "O aborto não é pecado. O Evangelho não trata desse assunto. A proibição do aborto é uma hipocrisia da Igreja que só prejudica as mulheres pobres, porque as ricas, não atingidas pela moral católica, fazem o aborto e têm meios econômicos garantindo uma cirurgia em condições humanas. A posição da Igreja é a de quem não tem diálogo com o mundo contemporâneo, em especial com o mundo dos pobres. O aborto deve ser descriminalizado e legalizado. Mais ainda, deve ser realizado à custa do Estado. Por inevitável, melhor realizá-lo em condições dignas".

"A dogmática em relação ao aborto foi fabricada ao longo dos séculos. Quem disse que não se pode controlar o nascimento de filhos? Foram os padres, celibatários fechados em seu mundo, vivendo confortavelmente com suas manias.

Desse jeito, é fácil condenar o aborto. A lei deve permitir o aborto em todos os casos em que a mãe, seja ela rica ou pobre, não tenha condições psicológicas de assumir o bebê".

O aborto, insistimos, tal como a contracepção, não é um problema de ética ou de religião; nem tampouco de política, de demografia ou de economia, salvo quando está em risco o vir-a-ser saudável da criança. É na verdade um problema de saúde da mulher, de saúde pública, e, mais do que tudo, uma questão de dignidade de vida para a criança – sujeito deste direito.

Partindo da premissa de que o direito da criança sobrepõe-se a qualquer outro e que o adulto tem o dever jurídico de proteger este direito, ao universo da mulher e do casal será efetivamente oferecido amplo acesso ao conhecimento reprodutivo e a toda forma de contracepção moderna, natural ou artificial.

Com o mesmo objetivo, deverá a prática do aborto deixar a clandestinidade, através de sua legalização. Permanecerá, todavia, no mundo jurídico, como uma alternativa realística, indiscriminadamente, oferecida à mulher, na eventualidade de falha no processo livremente adotado de contracepção, ou mesmo de um incidente de qualquer ordem no decorrer da gestação – um ou outro colocando em risco a dignidade da vida futura da criança. Não somos a favor do aborto. É medida emergencial. Urge que seja legalizada, se a gestante sente que não possui as condições de ser mãe daquela criança ***a priori*** rejeitada.

Em momento algum poderá haver ingerência, nacional ou estrangeira, no foro íntimo, no processo de decisão de cada mulher, ou casal. Esta é a posição verdadeiramente democrática de uma nação soberana: a defesa do interesse de sua criança – seu Patrimônio Primordial – considerando-a e tratando-a, **na prática e não só na lei**, como **SUJEITO DE DIREITOS**.

Até aqui nos foi dado argumentar sobre o aborto orgânico, aquele que impede o vir ao mundo de uma criança cuja perspectiva *a priori* conhecida é o abandono. E atuar para evitar o nascimento desta criança – sem chances futuras de uma vida digna e saudável – é o primeiro passo na reversão do processo de seu aniquilamento pelo abandono, independente do momento crítico de desordem sócio-econômica porventura em curso no país.

Mas a criança, tal como a planta, é a natureza. Como todo ser humano, é parte do ecossistema. Portanto agredir a criança é agredir a natureza; é uma agressão voltada para si própria. É um aborto.

E no entanto nossos olhos, nossas almas, nossos corações se chocam, dia após dia, com a realidade triste do **aborto funcional,** aquele que se concretiza quando u'a mãe aborta a sua função de mãe, no decorrer da vida do filho. Ou quando um adulto aborta a sua função de pai, ou de guardião, e agride a criança indefesa. Ou ainda quando uma sociedade exibe ao mundo o retrato do aborto de sua função social – os Meninos e Meninas de Rua.

Esta é a realidade veemente e dolorosa da criança abortada em vida, sob o beneplácito da lei de Deus e da lei do homem. E em face do aborto em vida desta criança, por dem todo e qualquer sentido os dogmas da lei de Deus e as disposições da lei do homem.

E a solução que preconizamos diante do aborto em vida, com vistas à salvação desta criança, cujo abandono não foi a tempo evitado, é o socorro ao instituto da adoção imediata, precoce e definitiva – nacional ou internacional. O procedimento mais eficaz, desde que seguindo as sugestões aqui contidas.

Somente assim estancaremos a sangria em sua vida. E ela, sorrindo, se desenvolverá e conhecerá os valores humanos universais que, como cidadã adulta – brasileira ou estrangeira – e por experiência própria, transmitirá a seus filhos, tal qual nos ciclos da história do universo em que nada se perde, tudo se transforma e se transmite, respeitadas sempre as eternas leis da natureza.

Adoção e o Direito Natural

A Natureza traz em si a razão de ser de todas as coisas. Basta meditar, olhar um pouco à volta, deixar-se penetrar pela simplicidade das coisas... E sentir a Natureza. E assim ser capaz de conhecer os sentimentos que a integram, que a Natureza toda ela sente.

Esta simbiose consente perceber que a energia transforma a matéria, que à toda necessidade se contrapõe um desejo de satisfazer esta necessidade, que os sentimentos vêm em socorro dos sentimentos, que há sempre quem queira dar e sempre quem precise receber. Consente perceber que a razão de tudo está na própria Natureza, que se renova em si mesma, a cada instante. E nesta harmonia, nada está em excesso, nada está em falta.

A terra-mãe recebe a semente, que germinará, após nutrida e sempre que não falte o sol – a energia que transforma tudo. O broto surgirá e, mais tarde, a planta, que continuamente sorverá da terra a seiva necessária e vivificante. É o vínculo terra-planta.

Mas esta planta, arrancada de sua terra, afastada de sua nutriz, apesar do sol, ela murchará e morrerá. Replantada que seja, sofrerá, sem dúvida, por algum tempo, até que absorva os nutrientes que a nova terra transformou, mas voltará a ser viçosa, talvez mais ainda do que era, se a nova terra for mais cuidada, melhor cultivada.

Com a mesma beleza, no concerto dessas mesmas leis da Natureza, um homem e uma mulher, movidos pela energia do amor-sentimento, se encontram e concebem um filho, através da fecundação do óvulo pelo espermatozóide. Neste momento forma-se o vínculo mãe-filho, a perfeita harmonia, que leva a mãe a nutrir seu filho, processando toda a energia que recebe, seja de que forma ou de onde for, transformando-a em nutriente para o perfeito desenvolvimento de sua criatura.

Este vínculo mãe-filho, surgindo, não mais se dissolve. Após o nascimento, ele se amplia e se aprofunda. O filho tem na mãe a fonte de toda a energia de que necessita. A mãe o alimenta, lhe dá amor, carinho, conforto físico, mental, emocional. A mãe o protege, o acalma. Ela sente o filho e se faz sentir por ele. O colo da mãe tem uma amplitude infinita. Neste vínculo a natureza se acorda na harmonia, no seu momento de equilíbrio. Este quadro é visível e palpável em todas as espécies. Basta se deixar impregnar desta simplicidade, deste sentimento de Natureza... E perceber.

Todavia, sempre que se afasta o filho de sua mãe, seja por morte desta seja por outro motivo qualquer, rompe-se o vínculo e o filho, tal como a planta, perde a sua fonte de energia, murcha e, pouco a pouco, morre, física, mental ou psicologicamente – que o morrer tem várias formas. Isto também é simples e natural. É um fato da Natureza. É só sentir e perceber. Mas é a Natureza em desequilíbrio, em desarmonia. E como ela toda é harmonia, naturalmente buscará o seu momento de equilíbrio.

E o encontrará certamente, desde que refeito o vínculo mãe-filho, com a cessação do afastamento, se provisório, ou com a formação de um novo vínculo, se definitivo o afastamento, provendo-se este filho de uma nova fonte de energia, uma nova mãe que, como a primeira, o alimentará e amará, dando-lhe carinho, conforto e proteção.

Este filho, então, tal como a planta, lentamente se recuperará, tornando-se quem sabe até mais forte, mais viçoso, conforme seja mais potente a energia, mais intenso o amor, mais profundo o sentimento da nova mãe, da nova nutriz. É a Natureza outra vez em harmonia. Simples de ver, de perceber... É só sentir.

Se conceber e dar à luz são fatos da Natureza, reacender esta luz também é um fato natural. Em conseqüência, a mesma proteção e o mesmo incentivo que a sociedade como um todo presta ao nascimento de uma criança, com mais consciência e convicção deverá prestar à adoção de uma criança que, ao nascer, foi afastada de sua mãe, sua fonte de energia, mas pelo amor de uma outra mãe será trazida de novo à vida. Renascerá.

Tanto quanto o nascimento, o renascimento de uma criança é uma obra-prima da Natureza. O nascer traz à luz... O renascer impede que esta luz se apague. É tudo muito simples. A Natureza mostra, com a maior evidência, que o sentimento é a origem e o ponto de sustentação do vínculo mãe-filho, seja ele biológico seja ele adotivo.

Se a Humanidade, se os integrantes das elites – pensante, legiferante e governante – fossem tocados pelo sentimento da humildade, se despissem de seus dogmas e de suas teorias, sentissem e percebessem que a Natureza é o único livro em que se pode confiar, o ser humano não teria perdido a sua dignidade. O ser humano jamais teria mergulhado em tão profunda degradação.

A adoção é um direito natural, porque expressão da natureza humana. Direito natural de viver dignamente, prontamente acolhida numa família substituta, do ponto de vista da criança privada de sua família biológica. Igualmente um direito natural de satisfazer efetivamente os anseios desta criança, do ponto de vista daqueles que se sintam capazes de assim atuar, sempre priorizando o bem-estar da criança em carência, afastada de sua mãe biológica.

Logo, esforços os mais eficazes deverão ser envidados, com a máxima presteza, na defesa deste direito, considerando-se crime retardar, dificultar ou impedir o seu exercício. Agir primordialmente no interesse da criança é dever de todos. Este quadro não pode ser afastado do âmbito da visão de quem tem poder de mudar o estado das coisas. Ele existe, é palpável e está acima dos interesses de qualquer cidadão honesto, constituindo, juntamente com outros mais, os alicerces de uma nação sadia. Este quadro desafia a moral e a dignidade humana.

Adoção Precoce e Imediata

– O Vínculo Mãe-Filho –

Partindo da percepção da realidade do vínculo natural mãe-filho, psicólogos e psicanalistas interessados em averiguar o desenvolvimento da criança, voltaram-se ao estudo da interação do filho com a mãe e das implicações de sua ausência.

Observou-se, através da experiência, que, para o equilíbrio físico e mental da criança, para o seu desenvolvimento sadio, é essencial que vivencie com a mãe uma relação permanente de carinho e amor, em que ambas encontrem continuamente satisfação e prazer. E neste sentido o contato epidérmico é determinante, considerando-se, conforme Montagu, que a pele do recém-nascido é o seu órgão sensual primário. Bem estimulado, lhe será fonte de enorme sensação de bem-estar e afetividade.[1]

Para René Spitz,[2] estudioso, dentre outros, da interação mãe-filho como fator de indiscutível importância na questão do desenvolvimento humano, seus desvios e perturbações, esta relação emocional se formará gradualmente durante os oito primeiros meses de vida da criança.

Formada por elementos desiguais, terá lugar partindo da mãe que, com sua personalidade e estrutura psíquica organizada e sua disponibilidade afetiva, vai determinar a qualidade e a saúde do vínculo, a natureza e a dinâmica da relação. Caminhará na direção do filho (este em estado de

1 MONTAGU, A. – "Touching: The Human Significance of the Skin", Harper & Row, New York, 1971.

2 SPITZ, R. A. – "El Premier Año de Vida Del Niño", Aguillar, Madrid, 1958.

total dependência), a cujas necessidades ela se adaptará, sem o deixar a sós com seus próprios recursos.[3]

Embora um ser passivo, dependente e receptivo, a criança traz para a relação seus esforços de crescimento no nível físico, fisiológico, neurológico, cognitivo e afetivo. Nesta fase, a mãe faz parte do conjunto das necessidades e satisfações da criança, que nem mesmo a percebe como separada dela própria.

Mas é importante que a mãe não seja aquela presença constante que não permita ao filho a frustração de sua ausência. A mãe ótima, no seu amor, ajuda o filho no jogo de sua evolução, que se faz na ausência e na presença materna. É essencial no processo de evolução o poder sentir a falta.

O universo da criança é a mãe. Lentamente, contudo, dela vai se dissociando, passando a reagir às atitudes maternas, a demonstrar desagrado diante de estranhos, a diminuir o número de horas de sono (mecanismo de defesa fisiológico), substituindo-o por mecanismos de defesa de natureza psicológica, como a identificação, até se tornar, ao fim deste período de oito meses, um ser social.

É o momento em que a relação objetal se estabelece e a criança então investe toda a sua libido (ou seja toda a energia motriz dos seus instintos vitais) em um objeto exterior e não mais em si mesma. Ocorrendo a interação mãe-filho de uma forma sadia, ter-se-á, indubitavelmente, uma criança física e psicologicamente desenvolvida.

Estudos outros abordaram, em crianças institucionalizadas, as implicações da separação mãe-filho, os efeitos, no primeiro ano de vida, da ruptura dos laços afetivos, da ausência de relações da criança com a mãe. A síndrome da privação materna representa um enorme dano para a criança, que, como reação, apresenta um "quadro clínico im-

3 SPITZ, R. A. – "El Premier Año de Vida Del Niño", Aguillar, Madrid, 1958.

pressionante". Este dano subsistirá enquanto perdurar a carência afetiva, que pode ser total ou parcial.[4]

Na **privação afetiva parcial**, o quadro clínico que Spitz convencionou chamar de **Depressão Anaclítica** tem as seguintes características: no **1º mês** de abandono, "as crianças se tornam choramingas, exigentes e se agarram ao observador que entra em contato com elas"; no **2º mês**, "os choros se transformam em guinchos, havendo perda de peso e sustação do processo de desenvolvimento"; no **3º mês**, "Há recusa de contato. As crianças permanecem a maior parte do tempo deitadas de barriga para baixo em seus berços. Insônia. Perda de peso contínua. Tendência a contrair doenças intercorrentes. Generalização do retardo motor. Rigidez da expressão facial"; do **3º mês em diante**, "A rigidez do rosto se estabelece e persiste. Os choros cessam e são substituídos por raros gemidos. O retardamento aumenta e se transforma em letargia".[5]

Nesta observação, verificou-se que, em se restabelecendo o vínculo afetivo pelo retorno da mãe biológica ou pelo oferecimento de mãe substituta, "antes de um período crítico, que se situa entre o fim do 3º e o final do 5º mês do abandono, o distúrbio desaparece com uma rapidez surpreendente". Este quadro da Depressão Anaclítica somente se instala em crianças que antes da separação se encontravam em boas relações com a mãe. Do contrário, o quadro clínico mostra diferentes e mais sérios distúrbios. Fica patente, por conseguinte, a importância das relações emocionais da criança com a mãe, durante o primeiro ano de vida, e das suas implicações, quando favoráveis.

Na **privação afetiva total**, tem-se que representa um dano irremediável para a criança, independentemente das características de suas relações anteriores com a mãe. E o

4 SPITZ, R. A. – "El Premier Año de Vida Del Niño", Aguillar, Madrid, 1958.
5 Idem, ibidem.

quadro clínico que se apresenta demonstra "sintomas, pelo menos em parte, de caráter irreversível". "Evidenciou-se o atraso motor. As crianças tornaram-se totalmente passivas, permanecendo inertes em suas camas, por não terem atingido o controle motor necessário para se virarem de bruços. A face se fez vaga, a coordenação dos olhos, defeituosa, a expressão, muitas vezes, idiota. Depois de algum tempo, quando recobraram a motilidade, esta tomou a forma de **spasmus nutans** (contrações involuntárias e oscilantes dos músculos), em algumas crianças; e outras apresentaram estranhos movimentos de dedos, que lembravam os movimentos catatônicos ou descerebrados" (Spitz, in Moraes). Constata-se portanto que, na carência afetiva total, os casos de cura são lentos e parciais, diversamente, do que se observa na privação afetiva parcial.

Ainda com o interesse voltado para o desenvolvimento da criança, Bowlby,[6] por seu turno, também analisa a questão da interação mãe-filho, nos primeiros anos de vida. Estuda a formação do vínculo afetivo, que para ele se evidencia após o sexto mês, atinge intensidade máxima perto dos dois anos e meio, e, dependendo do ambiente, torna-se menos intenso aos três anos e meio.

Concebendo este vínculo como de origem instintiva, Bowlby põe em evidência as conseqüências – físicas, afetivas e intelectuais – da separação mãe-filho e da colocação da criança em instituições: perda de peso, diminuição da capacidade intelectual, desespero, apatia, desapego.

Da mesma forma, adverte para os danos "graves e duradouros" que a carência afetiva prolongada representa para a criança, com a "modificação de seu caráter e perturbação de toda a sua vida futura". E explica: "quando ocorre a separação da mãe, **antes** do estabelecimento de uma relação de dependência estável e asseguradora, e não surge a

6 BOWLBY, John – "Formação e Rompimento dos Laços Afetivos", Martins Fontes, 1990.

oportunidade de se formar uma relação estável com a mãe substituta – como no caso de crianças institucionalizadas – a privação afetiva é completa".

Todavia, ressalta, "ocorrendo substituição imediata da figura materna por outra com a qual possa a criança estabelecer uma relação estável e asseguradora – como no caso da **adoção precoce** – provavelmente não se verificará uma privação afetiva apreciável".

Adverte também para a "privação ainda mais grave" que ocorre quando há separação da mãe, **após** o estabelecimento de uma relação de dependência estável e asseguradora, mas "**antes** de a criança atingir idade suficiente para ser autônoma", sem que se restabeleça a relação com a mãe, ou que haja uma adoção precoce ou imediata, o que vai significar para a criança uma internação em instituição. Havendo uma adoção imediata, poder-se-á ainda perceber uma privação temporária causada apenas pela ruptura inicial do vínculo afetivo.[7]

Sempre no âmbito dos estudos sobre o desenvolvimento infantil, Burlingham e Anna Freud,[8] em pesquisas com crianças carentes e institucionalizadas, "assinalam também a mudança observada entre crianças pequenas, desde que se decidiu destinar a cada uma delas uma pessoa que deveria desempenhar aproximadamente o papel de substituto materno". Todas as crianças manifestaram muito rapidamente um apego espontâneo intenso, embora a princípio ansioso, com relação ao substituto materno. Passaram a estabelecer relações sociais com maior facilidade e se mostraram mais acessíveis às influências educativas.

Mas foi constatado também que, em face da rotatividade do pessoal encarregado de lidar com a criança na ins-

7 SPITZ, R. A. – "El Premier Año de Vida Del Niño", Aguillar, Madrid, 1958.
8 GOLDSTEIN, J.; FREUD, Anna; e SOLNIT, A. – "No Interesse da Criança?", São Paulo, Martins Fontes, 1987.

tituição, não era possível assegurar a cada criança os cuidados de um substituto materno único. Com base nisso, evidenciou-se que cada mudança de figura materna equivalia a uma nova e dolorosa separação para a criança.[9]

Na análise da situação da criança institucionalizada – no Brasil – há que se transpor estas experiências e conclusões para a nossa realidade de desordem sócio-econômico-cultural e inseri-las no contexto da trajetória de carência, abandono, delinqüência e criminalidade, cujo pano de fundo são as instituições (públicas ou privadas) do sistema (nacional, estadual, municipal) de proteção aos direitos da criança e do adolescente.

Neste intuito, buscou-se o reforço da pesquisa realizada por Maria Madalena de Moraes, ao longo dos cinco anos como Psicóloga da FUNABEM. Suas conclusões confirmam: "quanto maior o tempo de institucionalização da criança, maior será o atraso em seu desenvolvimento". A pesquisa apresentou evidências estatísticas referentes ao abandono de três crianças num hospital. As três foram internadas numa creche aos dois meses de idade.

Recém-nascido A – tempo de creche: 9 meses
- adoção aos 11 meses
- retardo de 6 meses – áreas motora e verbal
- aos 15 meses de idade,
- 4 meses de adoção,
- retardo residual de 3 meses.

Recém-nascido B – tempo de creche: 3 meses
- adoção aos 5 meses
- retardo de 2 meses – áreas motora e verbal
- aos 8 meses de idade,
- 3 meses de adoção,
- sem retardo residual.

9 SPITZ, R. A. – "El Premier Año de Vida Del Niño", Aguillar, Madrid, 1958.

Recém-nascido C – tempo de creche: 8 meses
- adoção aos 10 meses
- retardo de 5 meses – área motora
- retardo de 7 meses – área verbal
- aos 14 meses de idade,
- 4 meses de adoção,
- sem retardo residual – área motora
- retardo de ainda 7% – área verbal.

Conclui-se, então, que a criança privada dos cuidados maternos, uma vez institucionalizada, tem o seu desenvolvimento retardado nos aspectos físico e psicossocial, apresentando, em casos extremos, sintomas de doença física e mental.

"Os efeitos da separação se fazem notar logo no seu início, valendo tanto para a criança maior como para o bebê. É assaz evidente o atraso no desenvolvimento psicomotor, cognitivo social, afetivo e emocional. Portanto, quanto mais nova for a criança e, conseqüentemente, menor experiência de vida tiver (negativa ou positiva), mais simples será sua atitude e mais fácil sua adaptação ao novo lar adotivo. A expectativa da criança ainda não racionalizada é a da simples satisfação de suas necessidades básicas".[10]

Em função da origem renomada dos dados aqui fornecidos, da relevância das observações colhidas em estudos e pesquisas pelos cientistas do desenvolvimento humano, há que se concluir que:

- considerada a ocorrência do fenômeno da gravidez indesejada, não evitada – por inexistência ou desconhecimento – de programas eficazes de contracepção, e levada a termo em decorrência da inviabilidade seja qual for de a interromper;

10 SPITZ, R. A. – "El Premier Año de Vida Del Niño", Aguillar, Madrid, 1958.

- considerada a decisão dessas gestantes de se afastarem de seus filhos, imediatamente após o parto, ou mesmo depois de um curto período de convivência, quando se evidenciou a impossibilidade de continuarem a sua criação, por absoluta falta de condições;
- considerado ainda o significativo número de pessoas, brasileiros e estrangeiros, comprovadamente idôneas e psicologicamente aptas a receberem estas crianças em adoção, dando-lhes todo o amor necessário;
- e considerando sobretudo o direito natural da criança a uma promissora e integração familiar e conseqüente inserção social, através do restabelecimento do vínculo afetivo mãe-filho,

é importante que se instale na consciência nacional a vontade de se promover a adoção, imediata ou precoce, destas crianças, como um meio de impedir as nefastas repercussões psicológicas e existenciais, verdadeiros danos físicos e mentais, que fatalmente viriam a sofrer em função da institucionalização.

Por tudo isto não se concebe o formalismo legal que não promove – ou que retarda – o processo de adoção imediata de uma criança cujo afastamento da mãe biológica é perceptível ou já constatado, portanto conhecido está o seu destino, o seu futuro.

Que não se lhe negue, sob quaisquer fundamentos, as chances de uma vida digna e saudável. Este é o crime maior: prolongar sua agonia, em nome de sua proteção.

A Criança e o Seu Tempo

No campo do Direito da Criança, o objetivo precípuo das normas e das decisões está voltado ao maior interesse da criança. Assim se têm expressado legisladores e intérpretes. Mas o que importa deveras é ampliar este conceito para alcançar a necessidade de proteger seu bem-estar tanto físico quanto psicológico.

Tem sido assaz mais fácil salvaguardar sua integridade física, porquanto há séculos a criança vem sendo considerada objeto da assistência e proteção do adulto,[1] e a violência física é uma agressão aparente aos olhos da sociedade, aos olhos do comum dos homens.

Já o bem-estar psicológico, mesmo o do adulto, somente a partir da segunda metade do século XIX, passou a ter consideração como objeto de ciência. Quanto ao da criança, até nas sociedades desenvolvidas tem sido relegado a uma posição de subordinação ao direito onisciente do adulto de percebê-lo, valorá-lo, até mesmo de o reconhecer como necessidade básica da criança, e a partir daí decidir de que forma protegê-lo.

A criança desejada é um alívio; é reconfortante perceber seu bem-estar psicológico. Ela está em relacionamento contínuo e afetivo com o mundo adulto, que a acolhe e satisfaz suas necessidades. Em conseqüência, a criança se sente valorizada. Logo, aos adultos que fazem as leis, àqueles que as interpretam e aplicam, e bem assim àqueles que executam suas disposições – nada mais resta que

1 ARIÈS, Philippe – "História da Morte no Ocidente desde a Idade Média", Teorema, 1988 – e "História Social da Criança e da Família", Rio de Janeiro, 1986.

constatar a evidência desta integridade psico-física, intervindo tão-somente quando violada.

Porém uma criança não desejada, cujo vínculo afetivo com a mãe, ou com um adulto capaz de lhe proporcionar satisfação emocional, foi despedaçado – não importando a causa – já é vítima da síndrome da carência materna; já está "privada de seu maior interesse".

Em vista disto, ao legislador, aos juízes, às instituições de assistência, cabe a humildade de admitir suas limitações diante do reconhecimento de tais danos. Uma vez impregnados deste sentimento, e considerando o fator tempo incidindo progressivamente no desequilíbrio mente-corpo da criança, não lhes será difícil agilizar todo o processo de sua reintegração sócio-familiar. Finalidade: "salvar o que for possível numa situação insatisfatória".[2]

Nesta diretriz, impõe-se distinguir pais biológicos ou naturais – os que concebem ou dão à luz a criança – de pais psicológicos – os que atendem às necessidades físicas e emocionais do filho, criando um relacionamento psicológico contínuo em que ele se sinta valorizado, e exercendo efetivamente a função psicológica da maternidade. Os pais biológicos se transformarão em pais psicológicos, conforme sejam ou não capazes de exercer esta função.

Isto se explica, como observa Winnicott,[3] pelo fato de que o bebê sozinho não existe; ele depende de a mãe exercer a função de suprir suas necessidades básicas, de lhe fornecer meios de sobrevivência. No caso de uma criança desejada, a mãe exerce pessoalmente esta função, para a qual nos últimos meses de gravidez veio se preparando, desenvolvendo "uma capacidade surpreendente de identificação com o bebê", atendendo às suas necessidades de

2 GOLDSTEIN, J.; FREUD, Anna; e SOLNIT, A. – "No Interesse da Criança?", São Paulo, Martins Fontes, 1987.

3 WINNICOTT, D. W. – "Os bebês e suas mães", Martins Fontes, 1988 e "Privação e Delinqüência", Martins Fontes, 1987.

forma única. Um bebê assim cuidado experimenta o máximo possível de bem-estar.

É comovente perceber que, no momento em que a mulher, fértil ou infértil, toma consciência de seu filho biológico ou adotivo, quando ela sente que o ama livre de injunções quaisquer, intrínsecas ou extrínsecas, a mulher se torna verdadeiramente mãe e perfaz o ciclo harmônico da Natureza. Ela – sublime – adquire a essência da maternidade.

Toda e qualquer mulher e, eventualmente até mesmo o homem, que venha a alcançar esta essência da maternidade, será para seu filho o primeiro veículo das verdades universais, aquelas que sobrevivem às evoluções e involuções das idéias, em qualquer tempo, em qualquer espaço.

Estas verdades persistem e vão mais tarde ressurgir no próprio filho, que delas será também o veículo, direta ou indiretamente. É o ciclo natural que acompanha e sustenta os ciclos históricos da Humanidade.

Por isso, na falta da mãe, esta função pode ser exercida pessoalmente pelo pai, pelos avós, pelos pais adotivos, por quaisquer pessoas na função de pais substitutos, capazes de um envolvimento emocional contínuo com a criança, levando-a assim a alcançar graus de bem-estar quase ótimos.

Portanto, a escolha de um adulto para exercer este papel de pai ou mãe psicológico tem que considerar não só seus atributos de personalidade, mas essencialmente sua capacidade de interagir continuamente com a criança, de suprir suas exigências emocionais. Esta capacidade implica um complexo de atributos que, na medida limitada da previsão de quem cumpre escolher, podem significar um futuro feliz para a criança.

Nesta busca da reintegração sócio-afetiva da criança, é primordial considerar que, quando suas necessidades são satisfeitas através de um contato impessoal, como ocorre nas instituições, surgirão fatalmente distúrbios.

Tais distúrbios, conforme o maior ou menor período de internação, alcançarão gradações mais ou menos sérias, verdadeiros danos psico-físicos, independente da qualidade dos serviços prestados pela instituição. Logo, o intervalo de tempo entre a quebra do vínculo mãe-filho e a sua restauração, pela maternidade substituta ou funcional, deverá ser o mais curto, o que significa decisões rápidas e processos céleres de colocação da criança já penalizada.

Estas decisões, responsáveis pelo destino de uma criança que teve interrompidos seus laços de afeto com pais biológicos ou psicológicos, deve, "salvaguardar a necessidade da criança de continuidade destas relações".[4]

Para tanto, é preciso que os juízes procurem ao máximo se despir do seu saber-poder legal e, tal como as mães gestantes, desenvolver algum grau de identificação com a criança, colocando-se virtualmente em seu lugar, e então sentir a dor física e psicológica da perda, instilada no apelo daquele olhar. E não é só isto!

Fundamental que conheçam e aceitem as conclusões e ponderações científicas interativas com a Ciência do Direito. Por elas se confirma o pânico que se instala no curso do desenvolvimento psicológico da criança,[5] interferindo diretamente no processo normal de sua evolução física, intelectual, moral – do nascimento à idade adulta.

Por essa razão, cientistas do desenvolvimento humano insistem na necessidade do apoio contínuo de uma fonte exterior de estabilidade, compensando a instabilidade interior do psiquismo infantil. Esta interação se vivencia em todas as espécies da Natureza e se prolonga no ser humano em função de sua complexidade.

---

4 GOLDSTEIN, J.; FREUD, Anna; e SOLNIT, A. – "No Interesse da Criança?", São Paulo, Martins Fontes, 1987.

5 WINNICOTT, D. W. – "Os bebês e suas mães", Martins Fontes, 1988 e "Privação e Delinqüência", Martins Fontes, 1987.

Nesta busca de continuidade, propõe-se a colocação, sempre definitiva, incondicional e imediata da criança, em família substituta, previamente escolhida, sem período de experiência que prolongue a restauração do vínculo afetivo interrompido, deixando a criança e os pais substitutos em constante incerteza.

Indo mais além em suas considerações, Goldstein, Freud e Solnit entendem que as decisões de juízes voltadas à integração sócio-familiar da criança "devem refletir o sentido de tempo das crianças e não o dos adultos". O que é óbvio.

Como já se disse, a criança tem o seu tempo próprio para suportar a perda e a incerteza oriundas da quebra de continuidade de um vínculo afetivo. Este tempo é um tempo interno, que obedece a uma outra estrutura que não aquela do tempo cronológico. É pouco conhecida, mas certamente mais célere e exigente. "Três meses podem não ser nada para o adulto que toma a decisão; para a criança pode ser uma eternidade".

Portanto, para afastar um dano psicológico irreparável, impõe-se uma decisão rápida e sensata, considerando-se o caráter de urgência que tem para a criança. "Qualquer programa que não coloque as crianças cedo expõe a maioria de suas crianças a certos perigos da colocação tardia, para proteger a minoria contra os riscos de uma colocação errada".[6]

Na verdade, "quanto mais idade tiver a criança, ao tempo da adoção, mais longa poderá ser a demora em encontrar uma colocação, que dê importância máxima à continuidade de meio ambiente, incluindo estilo de vida, relacionamentos com irmãos e oportunidades educacionais".[7]

---

6 GOLDSTEIN, J.; FREUD, Anna; e SOLNIT, A. – "No Interesse da Criança?", São Paulo, Martins Fontes, 1987.

7 Idem, ibidem.

Na realidade brasileira – social, ética, econômica e jurídica – com mais veemência devem os Juízes aplicar a **diretriz sentido-de-tempo-de-uma-criança** e decidir, imediatamente, diante de um quadro de abandono físico ou psicológico, de violência física ou sexual.

A urgência decorre da necessidade de encurtar o sofrimento da criança, através de sua colocação com pais psicológicos capazes de recompor sua estrutura psíquica abalada. Neste sentido, diante da conduta da maternidade biológica, fica evidenciada a cabal intenção de abandonar, o propósito de não formar qualquer vínculo psicológico e, até mesmo, de romper o biológico – em vias de se consolidar.

Diante do caos envolvendo a criança, cabe somente a destituição do poder familiar, sem maiores investigações, e a entrega da criança aos cuidados dos pais psicológicos adotivos, previamente escolhidos, sem delongas, tal como uma **medida liminar impeditiva da progressão do dano já sofrido.**

Aos Juízes, portanto, nas suas decisões, compete considerar as diretrizes de continuidade das relações da criança com o meio ambiente e aquelas pertinentes ao seu sentido de tempo para suportar as conseqüências da ruptura do vínculo mãe-filho.

Mas, muito além destes cuidados, sempre que estiver em jogo o destino de uma criança, impõe-se reconhecer a "incapacidade da lei para supervisionar as relações interpessoais, bem como os limites de conhecimento para se fazerem previsões a longo prazo".

O Direito é um fato social, nascido na sociedade – e não com ela – justamente pela necessidade de controle da atividade social, por isso dinâmico neste acompanhamento da conduta humana multifária.

Todavia o legislador tem sido deveras lento ou tímido no reconhecer e assimilar as mudanças sociais, assim provocando o descontrole da atividade social, por ausência da lei, ou o mau controle, por inadequação da lei. Como exemplo, lembram Goldstein e Litter[8] que "a lei levou muito tempo para entender que seu poder de negar divórcio não pode instituir um casamento salutar, ou impedir as partes de se separarem, ou até mesmo evitar que novos relacionamentos se completem".

Mutatis mutandis, a lei, proibindo, impondo exigências, dificultando o processo de adoção, por nacionais ou estrangeiros, não pode garantir uma adoção salutar, ou impedir a realidade da criança adotável e a do adotante em potencial, ou até mesmo evitar que se formem novos "vínculos adotivos". Qualquer pretensão legal neste sentido dará azo a condutas **contra legem** bastante conhecidas no Brasil: "adoção à brasileira" e o tráfico de bebês. E mesmo ainda no século XXI.

É por isso que a intervenção judicial no processo de adoção deve ser essencialmente tranqüilizadora e promovedora – jamais inibidora – do exercício do direito natural da criança ao amor de um lar substituto. Uma criança, ainda sob o poder familiar de seus pais biológicos, deve poder ser dada em adoção, através um processo humanizado, sem percalços, com o acompanhamento do Poder Público, única e prioritariamente, voltado ao bem-estar desta criança.

No que tange à criança e ao adolescente em situação de risco, há doze anos tutelados pelo ECA – Estatuto da Criança e do Adolescente, cabe ao Juiz acompanhar o processo pela condição desprotegida em que se encontra a criança. E igualmente nesta posição, jamais extrapolar os limites do **sentido-de-tempo-da-criança** para suportar a devastação emocional que já lhe foi causada, desde o nascimento. Nem o legislador pode fixar o sentido de tempo legal, nem o Juiz pode determiná-lo, com base em seu próprio sentido de tempo.

---

8 GOLDSTEIN, J.; FREUD, Anna; e SOLNIT, A. – "No Interesse da Criança?", São Paulo, Martins Fontes, 1987.

"Um toque judicial não torna o futuro mais fácil de se prever e a segurança de nossas decisões, quaisquer que sejam, é infelizmente limitada pelas fragilidades do julgamento humano".[9]

Em benefício da criança, integrada ou reintegrada numa família, basta, portanto, que a lei e seu intérprete estejam, tal como o Direito, pairando por sobre o social, tomando corpo somente na eventualidade de agressão ao seu bem-estar.

Com pertinência à reintegração sócio-familiar da criança, ainda na esteira do pensamento de Goldstein, Anna Freud e Solnit, as diretrizes, que defendem a continuidade das suas relações, o seu sentido-de-tempo, e que reconhecem a incapacidade legal para supervisionar relações interpessoais e a limitação do julgamento humano para previsões a longo prazo, deságuam na diretriz geral de oferecer à criança a alternativa disponível menos prejudicial à sua proteção e desenvolvimento.

Esta alternativa disponível menos prejudicial será aquela da colocação precoce, imediata e definitiva da criança em lar substituto, restabelecendo suas relações em bases contínuas, já agora com seus pais psicológicos adotivos, capazes de a confortar e amar, que assim o desejaram.

A colocação de uma criança, respeitando-se estas diretrizes, está fundada na "consideração do estado interior da própria criança e de suas necessidades de desenvolvimento".[10]

Dessa forma ficam afastadas quaisquer considerações aos interesses dos adultos em litígio, da política das instituições de assistência ao menor e bem assim determinadas de-

---

9 GOLDSTEIN, J.; FREUD, Anna; e SOLNIT, A. – "No Interesse da Criança?", São Paulo, Martins Fontes, 1987.

10 Idem.

cisões, com respaldo na lei e no tempo da lei ou em sentimentalismos de momento, que dominam a opinião pública.

Objetiva-se com estas diretrizes a reintegração sócio-familiar definitiva, precoce e em caráter de urgência, concretizada em poucos dias, não meses, nem muito menos anos. Mais do que fazer o bem, a finalidade deve ser minimizar o mal já instalado na alma da criança, no seu psiquismo, impedindo o surgimento de decisões verdadeiramente contrárias ao seu maior interesse.

Na década passada, ocorreram, e ainda hoje, século XXI, com freqüência lamentável, ocorrem casos de repatriação de crianças e de arrependimento de mães biológicas, que insistem, e têm conseguido, a devolução de seus filhos, em detrimento das próprias crianças.

São casos em que se deixa de considerar o impacto das mudanças sobre o psiquismo infantil, o sentido-de-tempo da criança e a necessidade de continuidade no seu relacionamento com o meio ambiente.

Psicanalistas, psicólogos, juízes, curadores de menores, sejam eles nacionais ou estrangeiros, jamais deveriam consentir, como vêm consentindo, no crime de se arrancar uma criança do seio da única mãe verdadeira que ela conhece; de arrebatá-la do colo amoroso de uma família, que a faz sentir-se desejada, para literalmente jogá-la no caos, nos braços secos e rígidos da mãe biológica, que não a desejou ao nascer, nos braços frios de uma família, que se reaproximou somente para recebê-la.

Tudo ocorreu, em função da liberdade de imprensa, do direito de informar mal exercido por um jornalista estrangeiro que, em contato eventual com a mãe biológica, há tempos separada do pai biológico, e num furo jornalístico, numa época em que este era assunto na ribalta, resolveu reaproximar o casal, com vistas à reivindicação da repatriação da criança (2 anos e meio), adotada desde bebê, e na época vivendo com os pais adotivos no estrangeiro.

A criança efetivamente voltou ao caos: passou a conviver com outros quatro filhos da mesma mãe, mas não do mesmo pai, todos num barraco. Desapareceu no Brasil. O jornalista vibrou, assim como o governador do estado que a recebeu. Todos felizes e realizados em seus direitos. E a criança? Ninguém pensou nela. Certamente acharam todos que tinha chegado ao paraíso por escolha própria.

O arrependimento pelo abandono, mesmo sendo eficaz, mesmo que verdadeiro, vai beneficiar exclusivamente a mãe culpada pela conduta, enquanto a criança – objeto do abandono – será mais duramente penalizada no caso de sua devolução. Evidencia-se nestes casos a decisão contrária ao maior interesse da criança, porque colocou-se em risco o seu bem-estar mental e emocional.

Esta situação não se concebe no Brasil, onde a desordem social e econômica, sempre em tempos de paz, carrega a iniqüidade de mais de 50 milhões de indigentes, metade dos quais crianças e adolescentes.

A História de Pedro ou A Busca do Bem-Estar da Criança à Margem da Lei

A história de Pedro é a história da luta de sua mãe para adotá-lo. Luta que poderia ter sido evitada, se consideradas, à época, as diretrizes aqui propostas.

"Eu me chamo Lúcia, tenho 34 anos, sou solteira, engenheira de profissão. Há muito, queria ser mãe. Jamais consegui engravidar e, a partir de determinado momento, achei que poderia adotar.

"A idéia inicial foi procurar uma criança pelos meios legais. Pensei que seria mais fácil, entende? Um país carente, muitas crianças em instituições... O primeiro passo foi a Fundação Romão Duarte. Lá, no início, fiquei bem impressionada. É um lugar limpo, muito aberto, aparentemente aberto, porque não havia ninguém conduzindo. Podíamos andar livremente. Tive uma boa impressão do local.

"Mas o que senti na realidade é que funciona como depósito de crianças. As freiras cuidam, limpam muito bem. Na verdade, têm uma verba internacional e precisam manter uma aparência, porque o local é constantemente visitado. Agora, que é um depósito de crianças, isto você sente. São crianças cuidadas, às vezes até por outras crianças, mas são crianças muito sozinhas. Isto não é novidade, existe em qualquer instituição.

"O que me chamou a atenção foi a dificuldade para se adotar uma criança. O que é fácil de entrar para ver torna-se difícil de tirar. Quis conhecer o local. Conversei com as pessoas que tomavam conta das crianças; elas por sinal nada sabiam a respeito do processo. Tive a impressão de que estávamos à parte, como fantasmas, como se não existíssemos. As freiras também não davam muita informação. Diziam que apenas o Juizado de Menores poderia informar.

"Diante disto, resolvi conversar com outros casais que já haviam iniciado o processo de adoção. E aí comecei a entender os fatos... E então decidi não entrar nesta doença da instituição...

"O primeiro casal estava querendo adotar uma menina, já estavam liberados juridicamente, e o Juizado até tinha permitido que escolhessem a criança por sexo e afinidade. É aí que tudo se complica.

"Liberado juridicamente quer dizer em termos de documentação, que vai desde a questão do salário até o que eles chamam de qualidade do casamento, sua estabilidade. O casal foi dado como apto para adoção. Até aí ainda não tinham entrado em contato com a criança. Tudo tinha sido conversado com a assistente social.

"A partir daí foram liberados para procurar a criança. O casal já encontrara uma menina. Aquela por quem haviam se encantado tinha três meses à época do primeiro encontro. Já estava com um ano, e até aquele momento não tinham conseguido levar a menina para casa. O que a instituição diz é que nesta fase há uma espécie de "namoro", para a criança se acostumar com o casal e o casal conhecer melhor a criança – para evitar desistência depois. Aparentemente isto pode ser importante, mas acontece que este casal se amava. Era fácil perceber. Era visível.que aquela criança era amada e que não ia ser adotada para resolver problemas do casal. Eles estavam muito deprimidos, porque só tinham direito de ver a criança três vezes na semana, durante todo este período – quase noves meses – somente na instituição. Não a podiam levar para casa.

"Aí fiquei pensando: eles estão tendo um filho de instituição, porque a criança está presa, não pode sair. E chega um determinado momento em que a criança começa a chorar, porque já se afeiçoou ao casal, que sai de lá chorando também. Era um sofrimento para a menina e para eles, que não tinham previsão de quanto tempo ainda iam precisar para poderem levar a criança para casa. É muito tempo, não é? Conhecer a criança com três meses e depois de nove meses, a criança com um ano de idade, ainda não saber quando a podem levar para casa!...

"Depois conversei com outro casal em situação muito semelhante, que já vinha "namorando" a criança há um ano. Escolheram uma menina de um ano – que já estava com dois anos. Disseram que era muito, muito sacrifício para eles, que amavam realmente a menina, mas tinham que ficar passeando com ela pela instituição, sem poder levá-la para casa. Já estavam liberados juridicamente para adotá-la, mesmo assim os dois não sabiam quando poderiam levar a filha. Chamei a atenção para o fato de ser muita inocência deles esta aceitação das regras. Achei que eles deviam estar tão apavorados, pelo fato de não terem conseguido gerar um filho, que aceitavam muito tranqüilamente as normas impostas.

"Aí fiquei pensando que uma criança – há um ano numa instituição – com pessoas que decidem o que se vai fazer do seu destino, está vivendo um segundo abandono. E sofre a sensação do abandono cada vez que o casal volta para casa sem ela. Porque, num primeiro momento, ela foi abandonada pelos pais. Em conseqüência, é largada na creche e vem a se afeiçoar por pessoas que são obrigadas a largá-la a cada despedida. Esta criança, quando chegar à casa, vai ter a todo momento, no mínimo, a fantasia de que vai ser abandonada por este casal também!...

"Antes de sair da Romão Duarte, conversei com uma freira , comentando o que havia visto e ouvido. E ela me perguntou: mas se você engravidasse, não seriam também nove meses? Ao que respondi: só que, se eu engravidasse, a criança ia estar pequenina aqui dentro... eu não engravido daquela criança que estou vendo, e além do mais a criança neste "namoro" aqui está sofrendo. Disse-lhe eu, portanto, que não era tola para aceitar aquele argumento.

"Resolvi então partir para outra solução. Entrei em contato telefônico com uma instituição no Sul, e o processo me pareceu interessante. Todos me diziam que entendiam o problema no Rio de Janeiro, onde as pessoas que queriam adotar eram maltratadas, desrespeitadas como se estivessem fazendo uma coisa criminosa: eram dificultados em tudo.

"Nos outros lugares em que procurei, também no Sul, todos eram muito simpáticos, facilitando tudo. A assistente social deu seu telefone de casa; sabia que eu estava ligando de outro estado e que ficava mais difícil tratar do assunto no local de trabalho. Havia um ponto que me favorecia, segundo ela, porque eu procurava inicialmente uma criança negra; e alguém querendo uma criança negra ou mulata neste país é muito difícil. Seria no meu caso um processo mais fácil: eu teria que preparar e pagar a documentação, depois, num segundo momento, eu iria, quando houvesse uma criança parecida com a que eu pretendia. Na verdade, eu estava querendo um recém-nascido, porque desejava ter esta experiência desde o início com a criança.

"Mas mesmo assim, em termos de meu trabalho, a distância dificultaria o processo. Pensei em outra medida. Entrei em contato telefônico com várias enfermeiras de hospitais, no Rio e até em Belo Horizonte, onde tenho amigos que poderiam ficar atentos, no sentido de saberem de crianças abandonadas em hospitais.

"A questão do abandono no hospital é delicada. Há que se ter conhecimento lá dentro, porque a mãe do bebê pode voltar e a enfermeira tem que fazer um contato anterior com ela; se a mãe sai do hospital assinando que não levou a criança, cria-se um problema burocrático, que é do hospital, interferindo no processo.

"Em função disto, as enfermeiras normalmente fazem uma sondagem, que nem é difícil, porque elas freqüentam a comunidade e conhecem gestantes com intenção de abandonar seus bebês no hospital. As enfermeiras me informaram que, se houvesse uma criança, cuja mãe realmente não tivesse intenção de criar, e que não fosse uma transação mercantil por parte da mãe, elas me telefonariam avisando.

"O processamento seria da seguinte maneira: a enfermeira normalmente conhece a gestante, que fez o pré-natal no hospital. Para os médicos elas não dizem que vão largar a criança – afinal, elas têm medo porque o médico é o poder – mas normalmente informam às enfermeiras.

"Após dar à luz, a mãe sairia do hospital com o bebê, assinando um documento; depois daria a criança à enfermeira, que serviria de contato e me entregaria o bebê. Eu não teria qualquer contato com a mãe.

"A criança estaria saindo registrada no nome da mãe. Agora, há um juiz que eu sei que já facilitou a adoção para algumas pessoas. Eu recorreria a ele e faria a adoção de fato imediata, deixando correr aquele prazo legal de três meses para publicação, após o que eu teria o registro oficial da adoção.

"O que importa verdadeiramente é que eu já teria o bebê comigo desde o momento em que fosse liberado do hospital com a mãe.

"Este Juiz de Menores eu não conheço pessoalmente, mas sei que existe e faz muito isto. Sempre que ele encontra uma criança e sabe de alguém que realmente está desejando adotar, ele facilita desta forma.

"Em outra ocasião, tive contato telefônico com a diretora de uma obra social no Nordeste. Ela se disse muito aborrecida, porque o Juiz tinha sido substituído e o processamento tornou-se muito demorado.

"A instituição anteriormente efetuava várias adoções, inclusive para estrangeiros. Na sede, chamada Casa do Menor, ficavam crianças de até mais ou menos três meses; e o Juiz facilitava o processo de adoção, de modo que lá não ficavam crianças além dos três meses, a não ser que já chegassem com mais idade. Havia um grupo de senhoras do local que tomava conta e supervisionava, e as crianças eram encaminhadas rapidamente.

"Mas este Juiz, não sabia a diretora o motivo, foi substituído; e o Juiz novo, muito preocupado com a adoção por estrangeiros, com o problema do tráfico de bebês, passou a vetar todo o processo de adoção por estrangeiros. Não só isto: o processo de adoção por brasileiros passou a ser mais complicado. E a diretora estava angustiada, com a instituição superlotada de crianças. Estas crianças eram muito bem assistidas, em termos de alimentação e em termos de carinho, enquanto eram em pequeno número. Atualmente, estava havendo dificuldades. Disse-me ela que eu não conseguiria um recém-nascido, porque o Juiz não deixa nenhuma criança sair antes de três meses.

"Anteriormente seria possível, disse ainda a Diretora, porque conhecíamos as mulheres. Trabalhamos também em outros estados. Sabemos o que é realmente abandono – e abandono não é caso de dúvida. Mas este novo Juiz não permite mais.

"Duas senhoras viajaram à Europa e fizeram levantamento das crianças que estavam adotadas lá. Tiraram fotografias, trouxeram dados sobre o desenvolvimento das crianças, para mostrar como estavam bem, provando ao Juiz que se poderia voltar ao processo anterior. Informaram aquelas senhoras que o estrangeiro não tem preconceitos em relação à cor, deformidade, idade, e que as crianças estavam perfeitamente integradas às famílias. Contudo, o

Juiz não abriu precedente, manteve a proibição quanto aos adotantes estrangeiros e a morosidade quanto aos brasileiros. Esta é uma atitude que só penaliza a criança e quem a quer adotar. Quem procura adotar recebe um tratamento muito desrespeitoso.

"Em outra ocasião em que liguei para o Sul sobre a possibilidade de adotar um recém-nascido, a assistente social disse que havia uma criança de seis meses, uma menina ótima, maravilhosa, que estava voltando para a instituição. Quis saber o motivo. Ela disse que, revendo a relação familiar, o casal não preencheu as condições para adotar. Eles estavam casados na época, brigaram na fase de adaptação da criança, separaram-se, e o Juizado de Menores tirou a criança da mulher, achando que ela não estava apta a continuar com a filha, inclusive por não trabalhar. Eu quis saber então – desde quando os casais se separam e os filhos vão para longe. A mãe adotiva, disse a assistente social, adora a criança e está tentando tudo para poder sustentá-la. Mas o Juizado de Menores tirou a criança da mãe, sem levar em consideração os sentimentos das duas. Os filhos biológicos de um casal, mesmo na separação, não são retirados da mãe.

"Quando eu estava no início da procura de Pedro, a exigência do Juizado de Menores era que, para que se pudesse adotar um filho, a casa tinha que ter um quarto para a criança. Havia na época um casal que morava num sala e quarto. Segundo o Juizado de Menores, não era considerado local ideal para uma criança: a família foi declarada sem condições e por isto a adoção não foi autorizada. Era como se o Juizado de Menores se considerasse absolutamente apto – em termos físicos – já que se está falando em termos físicos – de acolher uma criança, como se cada criança nas creches do Juizado de Menores tivesse o seu próprio quarto. Elas não têm. O coração é que é o espaço físico para a criança. E eles ficam criando critérios que não podem ter validade. O órgão que deveria ser facilitador, na realidade entrava todo o processo, mesmo para os brasileiros.

"Nesta minha luta para adotar um bebê, tive uma experiência ligada a uma empregada doméstica que queria dar seu filho.

"Era uma menina de 17 anos, que aos 15 já tivera um outro filho, que deixara no Nordeste, vindo para o Rio trabalhar como doméstica, sem dizer que estava grávida. Era uma família muito boa que, após tomar conhecimento da gravidez, deu-lhe toda a assistência, providenciou o pré-natal, arranjou o médico da família para acompanhá-la – mas não sabia de sua intenção de dar o filho.

"Entrei em contato com ela, que me confirmou que iria dar o filho, dizendo – eu já dei um no Nordeste, e quem deixa um, deixa outro. Disse até que ia deixar na maternidade, mas se soubesse de alguém que quisesse, ela preferiria, porque assim teria certeza de que seria criado por uma pessoa que gostasse dele, num lar seguro.

"Falei com ela mais três vezes por telefone, sem dar meu nome. Ela sempre muito firme no seu propósito. Próximo de ela dar à luz, perguntei-lhe se podia ir comprando o enxoval, embora a esta altura eu já estivesse com tudo pronto para ser usado, porque há muito tempo eu procurava um bebê. Ela disse que sim e achou ótimo.

"Eu estava muito interessada e queria saber se ela ia bem em termos de saúde; ofereci-me para providenciar o que ela precisasse na maternidade. Ela notou que meu interesse era demais e começou a sugerir que precisava de ajuda, inclusive médico. Como eu sabia que de ajuda ela não precisava, achei estranho. Percebi que ela estava querendo me vender a criança. E comprar estava fora de cogitação. Óbvio. Ela confirmou que era seu desejo vender. Eu recuei.

"Sofri muito e parei de procurar a minha criança neste período. Tive que fazer meu luto desta criança que eu já considerava filho, e não podia pegar uma outra criança naquele momento. Esperei um pouco... Esperei três meses para me movimentar novamente, para perder esta criança de vista, deixar de senti-la. Sofri muito.

"Soube que ela ficou um mês na casa da patroa, após ter o neném, e depois sumiu, deixando tudo da criança, levando tudo dela, mas não quis pegar o salário do mês. Ela deve ter ouvido coisas na televisão – foi no princípio de 1989. Deve ter vendido o bebê.

"Por tudo o que passei, tentei desistir...

"E foi então que eu soube por acaso desta maternidade onde encontrei o Pedro. Soube, através de um casal amigo que adotou uma criança por intermédio desta instituição. Foi um acaso maravilhoso.

"Uma enfermeira, que trabalhou nesta maternidade, telefonou me dizendo que lá havia uma criança. Foi um tumulto! Eu estava no escritório... Pensei que estava tudo pronto, mas na hora nada estava pronto. Meu coração batia... Foi aquela expectativa imensa!

"Corri para o hospital no horário determinado. E ainda tive que fazer uma ponte, porque ela não disse diretamente qual o hospital – eles tentam colocar uma espécie de sigilo. Então fui a um hospital, depois segui para o outro hospital onde ela estava trabalhando. Ela me deu os contatos dentro do hospital, e a outra enfermeira, para minha surpresa, já sabia que eu estava a caminho. Já estava tudo preparado, tudo ótimo. Ela me perguntou: é menino ou menina que você quer? Respondi que, no início, queria uma menina, depois quis muito um menino, mas agora eu quero um filho.

"Ela vai ao berçário e, depois de um tempo, volta com duas crianças. Eu olhei... Ela perguntou: qual você quer? Eu pensei: o que é isto!... É como se estivesse escolhendo o destino de alguém. É muito difícil... Como é que se escolhe um filho? Tive muito medo. Era um menino e uma menina... mas houve alguma coisa que não se explica bem. Algo como afinidade. Na hora... ele tinha um monte de sedução... Sei lá como é que se fala isto. Foi aquela paixão! Era o Pedro... Percebi que era prematuro. Disseram-me que tinha nascido de parto cesáreo. Foi só o que soube. Mas o que importava é que era o Pedro...

"Logo desci ao setor administrativo, seção de documentação. E aí eu tive a maior surpresa: eu sairia da maternidade com o Pedro registrado no meu nome como se meu filho fosse. Informaram-me que eu teria feito uma cesariana no dia em que ele nasceu. Mandaram descer a ficha de Pedro, onde estava escrito, não o nome da mãe dele, mas apenas o nome da assistente social. Tive curiosidade de saber o nome da mãe, até porque achava que o Pedro tinha que ter uma história. No futuro, eventualmente, quando ele se interessar em procurar, acho que ele tem este direito. É possível que haja um momento em sua vida quando precisará saber quem foram seus pais. Se este momento surgir, vou ajudá-lo, por que não? Quando tiver mais idade, mais autonomia. Não vou dizer que serei tão desprendida... sei que vou ter ciúmes, sim. Mas acho que é importante que ele tenha uma história.

"Mas o fato de eles omitirem o nome da mãe é questão de ética na maternidade. Fascinante. Gostei da ética, que também me protege. Tive curiosidade, mas acho que há bastante critério na posição deles, que facilita o registro da criança.

"Em relação à maternidade, foi tudo muito fácil, inclusive sair. Só me cobraram a estadia do Pedro. Senti que era uma casa honesta, porque na hora eu estava tão emocionada com tudo que, se eles quisessem me cobrar a mais – como eu não estava ligando realmente para despesas – eu pagaria tudo, até a cesárea.

"Disseram-me, contudo, que a própria mãe pagara a cesárea, e fora embora deixando em aberto a conta dele.

"Pela conta deduzi que Pedro era saudável, porque não tomara remédios. Dos exames feitos, nada me falaram.

"Os outros exames só fiz depois, porque – pensei – se eu tivesse um filho doente, ficaria com ele do mesmo jeito, cuidaria dele com o mesmo amor. E as condições de saúde de uma criança são sempre uma incógnita...

"Levei-o ao Pediatra sabendo que ele podia ter problemas – mas não respiratórios, porque a boquinha estava sempre fechada.

"Mas graças a Deus ele é perfeitinho, neurologicamente está ótimo – disse o Pediatra.

"Mas, o que é o destino. A gente acaba sabendo. Eu ficava curiosa para saber que casa de saúde era aquela...

"Tempos atrás, a filha adolescente de uma amiga resolve fazer aborto em uma clínica particular. Estava no quarto mês de gravidez, o médico aconselhou-a a não abortar, ofereceu-se para fazer o pré-natal e, se ela realmente não quisesse a criança, poderia deixar lá. Uma coisa ele garantiu: nenhuma criança daquela casa de saúde iria para instituição, nunca para o Juizado de Menores. Eles tinham uma fila de pessoas que queriam adotar e eles facilitavam para estas pessoas. A única coisa é que ela teria que assinar um documento em branco dizendo que fez uma outra cirurgia, precaução compreensível para resguardar a casa de saúde. Inclusive a mãe da gestante teria que assinar e também o namorado – ainda que isto nem sempre seja possível.

"Caso a gestante decida doar a criança depois do nascimento, o parto será realizado na maternidade em que nasceu Pedro.

"Aí, eu percebi que tinha descoberto a dinâmica da história do Pedro. Talvez por isso ele seja uma criança tão calma. Afinal, a mulher que fica até o oitavo, nono mês, queria manter o filho. Se não ficou com ele – pelo menos o filho teve uma mãe com dúvidas, mas uma mãe que se cuidou.

"Além do mais, são crianças saudáveis que vão ter um destino aceitável. Estas clínicas evitam que se passe pela burocracia, como a da Fundação Romão Duarte, porque mostram respeito à vida. Inclusive é muito bom que adolescentes tenham um lugar onde possam fazer sua opção. Eu fiquei respeitando muito mais esta clínica, que inicialmente pensei que fosse só de abortamento, sem preocupação com a pessoa em si. É uma saída humana para o problema – que existe, efetivamente – da gravidez indesejada.

"Mas o que é mais maravilhoso é que eu consegui o Pedro. E ele é um bebê privilegiado. Eu o trouxe no terceiro dia de vida para casa, como qualquer bebê. Ele saiu da maternidade para casa normalmente, como seria com a mãe.

"A idéia de ter o Pedro vai para além do tempo. O processo de procura levou realmente dois anos. Pensei que fosse mais fácil. Mas depois de o ter encontrado, levou somente dois dias para trazê-lo para casa. E foi muito bom!...

"Falando ao Pedro, desejo que ele possa ser muito feliz. Sinto que somos felizes no momento. Espero que possa ter o caminho que escolher, seja qual for, mas cercado de muita paz.

"É difícil falar... ele me dá muita emoção.

"Quero que ele seja uma pessoa determinada, decidida, sempre em paz consigo mesmo. Que saiba escolher o caminho melhor a seguir e que o consiga atingir, seja qual for.

Porque, se ele estiver bem, eu também vou estar bem..."

A História de Nina ou A Busca do Bem-Estar da Criança com o Suporte Legal

A história de Nina é a história do prazer ansioso de seus pais em percorrer, etapa por etapa, o percurso legal da adoção.

"Nina nasceu em nossos corações, quando descobrimos que tínhamos muito amor para dar e que nos faltava 'alguém', viesse de onde viesse, da forma, do jeito que viesse...

E saímos em busca de nossa criança. Perguntávamos a todos onde havia um bebê para nós. Buscamos nos hospitais, junto aos amigos... em toda parte... Paralelamente, entramos no Juizado com um pedido de adoção. Quanta lentidão... burocracia, desencontros...

Certo dia, uma sexta-feira, recebi um telefonema de uma amiga informando-me de que havia um bebê com um mês de vida à nossa espera, pois sua mãe não tinha condições de criá-lo.

Partimos para buscá-lo. Foi uma loucura, pois a pessoa que nos levaria ao bebê não foi encontrada e somente três dias depois, na terça-feira, foi que conseguimos chegar ao local onde estaria o bebê.

Que decepção!! Cheguei tarde... Naquele domingo o bebê fora dado a um casal. Fiquei desoladíssima. Como Papai do Céu sabia que queríamos demais um bebê, a vizinha da mãe do bebê levado aproximou-se e, vendo-me triste... decepcionada... disse-me que sua filha estava grávida e que também daria o seu bebê, pois não teria condições de criá-lo. Era seu sétimo filho e ela só tinha 26 anos.

Na hora não me empolguei com a notícia... Talvez com medo de sofrer nova decepção. Disse-lhe que estava atordoada demais para resolver algo e fui embora. Queria sair dali para extravasar minha tristeza.

Passamos uma semana inquietos... pensativos... e, conversando, chegamos à conclusão de que aquele bebê oferecido poderia ser a nossa Nina. Se Deus nos levou àquele lugar é porque havia um motivo. Vencer o medo da decepção não foi fácil, mas a vontade de ganharmos um bebê foi mais forte.

Assim, conhecemos a Nina aos dois meses de existência. Era dezembro de 2003 e Papai Noel dizia que nosso maior e melhor presente estava a caminho. Combinamos com a genitora que a levaríamos ao médico para fazer o pré-natal e que lhe daríamos toda a assistência, inclusive com uma cesta básica mensal.

E dessa forma transcorreu a gravidez... nos sentíamos grávidos, porém receosos, pois o bebê não estava ainda conosco. Aos cinco meses, levei-a para fazer a primeira ultrassonografia. A emoção de ouvir o coração da minha filha foi indescritível!!! O nosso amor por aquele bebê já era tão grande que não nos importava mais se era menina ou não. Ficaríamos com o bebê independente do sexo. Isto foi combinado antes da ultra.

Mais uma vez Papai do Céu foi maravilhoso e o resultado foi que a nossa Nina estava ali. Parentes, amigos, colegas de trabalho vibraram e fizeram chá de bebê, chá de fraldas... Enfim, foi uma festa.

Confesso que não foi fácil a espera, pois a vida miserável que viviam a genitora e sua família era motivo de preocupação constante para nós. Será que a gravidez chegaria ao final? O bebê seria saudável? Ela realmente nos daria o bebê? Foram os meses mais angustiantes de nossas vidas. Tentei distrair-me arrumando o quarto de Nina, comprando seu enxoval e, principalmente, rezando muito para que fosse feita a vontade de Deus.

E foi feita!! No dia 12 de julho de 2004, às 7:40 horas, NINA NASCEU! Linda, saudável. Tudo o que uma mãe coruja deseja. Na hora da visita, dei o primeiro banho na Nina. E foi fantástica a sensação de segurá-la nos braços.

Só acreditei que a Nina era nossa realmente no dia 15 de julho, quando ela veio para a nossa casa. Aí começaram as dúvidas. Como registrá-la de forma legal? A mãe se propunha a ir ao juiz e declarar que nos entregava aquele bebê. Será que o juiz entenderia toda a nossa caminhada? Teria ele a sensibilidade para perceber que a Nina já era nossa, desde que foi concebida? Quantas incertezas!!...

Graças a Deus, através de uma amiga, que também adotara um bebê, conhecemos duas advogadas, profissionais muito competentes, que entraram com o processo de adoção junto ao Juizado e o resultado foi rápido e satisfatório.

Hoje, a nossa família é outra. A presença de Nina encanta a todos. Agradecemos a Deus todos os dias pelo maravilhoso presente que recebemos – a nossa Nina."

Os pais de Nina.

Adoção e o Direito Natural

Da Adoção

COMO A CONCEPÇÃO, A ADOÇÃO É UM ATO DE AMOR. É O DIREITO NATURAL SUBJETIVO DE A CRIANÇA, OU O ADOLESCENTE, RECEBER O AMOR DE QUE CARECE. À GUISA DE INCENTIVO, NÃO PODE SER CONSPURCADO PELO OFERECIMENTO DE RECOMPENSA FINANCEIRA MENSAL À FAMÍLIA ADOTANTE!

Movida pela **prevalência do interesse da criança**, a sociedade brasileira, como um todo, obriga-se de imediato a retirar todos os entraves burocráticos que impedem a realização da **finalidade única do instituto da adoção.**

Sua finalidade precípua é a de **integrar a criança ao seio de uma família adotiva, moral, cultural e economicamente apta a interagir com ela na recriação de um vínculo afetivo saudável. E com esta realidade, bloquear a sua trajetória abandono-delinqüência-criminalidade-morte.** Este é o retrato da soberania de uma nação, que protege a sua criança – o **seu patrimônio primordial** – e, por óbvio, o seu futuro.

É norma de proteção constitucional e legal – Constituição Federal/1988, Artigo 227, e Estatuto da Criança e do Adolescente, ECA/1990, Artigo 19 – que não se pode corromper por interesses quais sejam da sociedade envolvida. Cabe às autoridades direta ou indiretamente implicadas no processo, priorizar o bem-estar dessa criança, desse adolescente em carência, assumindo o dever jurídico de o proteger. O ato da Adoção propicia ao adotado todos os direitos de um filho biológico (CF/88, artigo 227, inciso VII, 6º). Portanto, protegido está de se tornar vítima da negligência, discriminação, exploração, violência, da presença de pessoas dependentes de substâncias entorpecentes (ECA, artigo 19).

Nesta sociedade assim saudável, quando uma mulher, afluente ou não, tiver a consciência de que não possui as condições materiais, emocionais e psicológicas para ser mãe, ela – sem culpa e sem risco – manter-se-á na sua rotina contraceptiva também saudável.

Todavia, em razão de uma eventual falha deste processo contraceptivo, a gestante poderá optar pela continuação da gestação ou pela interrupção da gravidez, com toda a segurança que esta prática merece. É uma decisão sua, com amparo da sociedade, mas **fundamentada no bem-estar físico e psicológico que ela sabe não poder oferecer ao filho**.

Portanto, em respeito ao futuro desta criança, ao seu vir-a-ser também saudável, todo o aparato social estará apoiando a gestante, no sentido de uma decisão a mais acertada, repita-se: sem culpa, sem receio, sem preconceito.

Decidida a criar seu filho, porque encontrou, em si e na sociedade, as condições reais para tanto, estreitará com ele o vínculo afetivo esboçado. É a Natureza em busca de sua harmonia, de seu momento de equilíbrio.

Decidida, contudo, a não criar o filho, porque não encontrou em si as condições suficientes para oferecer-lhe um bem-estar físico e psicológico saudável, a gestante buscará o melhor para a criança.

Entrará em contato, através de uma instituição aparelhada, com pais substitutos, aptos e previamente escolhidos, brasileiros ou estrangeiros, no sentido da adoção imediata da criança ao nascer, garantindo-lhe desta forma a continuidade do vínculo afetivo, o direito a um futuro sadio e digno e bem assim sua inserção regular na sociedade, através da família.

Nesta sociedade assim saudável, a gestante, com este intuito, terá abrigo no CÓDIGO CIVIL – Lei nº 10.406, de 10 de janeiro de 2002, Capítulo IV, artigos 1.618 a 1.638 – DA ADOÇÃO – e no ESTATUTO DA CRIANÇA E DO ADO-

LESCENTE – ECA – Lei nº 8.069, de 13 de julho de 1990, artigos 19 a 52 e 165 a 170 – ADOÇÃO DO ESTATUTO. Ambas com requisitos e efeitos diversos.

Adoção do Código Civil

Instituição legal que estabelece, entre duas pessoas, relações civis de paternidade e filiação, através processo judicial. Caráter irrevogável.

Requisitos: Adotando: maior de 18 anos. Adotante: maior de 18 anos e, ao menos, 16 anos mais velho do que o adotando. Vedada adoção por procuração. **Efeitos**: cria parentesco civil entre adotante e adotado; dissolve qualquer vínculo de filiação do adotado com pais naturais e parentes consangüíneos.

Adoção do Estatuto da Criança e do Adolescente

Instituto legal pelo qual o adotado adquire, para todos os efeitos, a condição de filho legítimo, desligando-se de qualquer vínculo com os pais e parentes (salvo os impedimentos matrimoniais), sempre através de sentença judicial irrevogável.

Requisitos: Adotando – menor de 18 anos (ou até essa idade, se já estiver com o adotante, caso em que a idade limite é de 21 anos); Adotante: maior de 21 anos – independente de sexo e estado civil; diferença de 16 anos entre adotante e adotando; cônjuge ou concubino – com prova de estabilidade da família –, post-mortem, se falecer antes da sentença concessiva; tios e sobrinhos. Não podem adotar: ascendentes, irmãos e quem apresentar incompatibilidade e ambiente familiar inadequado.

Estágio: Prazo a ser fixado pelo Juiz. Dispensável: adotando menor de um ano ou já vivendo com o adotante. Obrigatório e no território nacional: na adoção internacional – 15 dias – adotando até 2 anos de idade; 30 dias – adotando maior de 2 anos de idade.

Efeitos: cria paternidade real, sem qualquer distinção; integração total do adotando à nova família; confere ao adotado prenome e nome da família adotante; na sucessão, herdam os adotados em igualdade de condições com os filhos consangüíneos; alimentos: devidos reciprocamente entre adotantes e adotados, excluídos os pais de sangue.

Na verdade, com sua conduta mais do que saudável, esta mãe terá sabido prover as condições essenciais à subsistência, saúde e instrução obrigatória do filho, providenciando ela mesma, com ajuda do Poder Público e da lei, sua adoção imediata por quem tinha, ***a priori*** comprovadas, tais condições a oferecer.

No nosso entender, este processo é de enorme vantagem para o recém-nascido, que será acolhido no regaço amoroso da mãe adotiva imediatamente após o nascimento. É a adoção na sua verdadeira essência: impedir o abandono, o estigma do abandono. É a realização do direito inalienável da criança de ser objeto do amor de u'a mãe – ou de um pai exercendo a função da maternidade. É o seu direito de ser acolhida e integrada numa família, na comunidade, na sociedade. É novamente a busca do momento de equilíbrio e harmonia da Natureza.

E não somente os recém-nascidos serão beneficiados pelos modelos de adoção. O instituto deverá estar também ao alcance da criança cujos pais biológicos, no exercício do poder familiar, conscientes da impossibilidade de lhe propiciar o bem-estar que merece, decidam dá-la em adoção.

É o desejo dos próprios pais de afastá-la de riscos e situações que determinem sua internação em instituições criadas para a sua "proteção e assistência", onde aguardará, por tempo indeterminado, a decisão do Juiz sobre o seu destino.

Por tudo o que se conhece dos métodos aplicados nestas instituições, os sofrimentos desta criança serão inenarráveis, conforme conclusões de pesquisas nas áreas da Psicologia e da Psicanálise.

Por isso a decisão destes pais é sábia e, como tal, exige todo o apoio social e legal. Qualquer iniciativa no sentido de aproximar uma criança de um sopro de felicidade é louvável, sendo dever das autoridades incentivar sem discriminar.

Nos últimos anos, contudo, esta iniciativa vem sofrendo restrições e bloqueios que o bom senso muito repudia, face à alarmante veiculação, pela imprensa nacional e internacional, de acontecimentos relativos ao tráfico de bebês – prática esta em si mesma desprezível.

O efeito desta caudal de clamores, impregnados de sentimentalismos e profissionalismos de momento, foi contundente na penalização única e exclusiva destes inocentes.

Trataram os jornalistas de exercer o seu direito de informar, no amplo contexto da liberdade de imprensa, esquecendo-se de que este direito não é absoluto: ao contrário, é limitado por outros interesses e por manifestas considerações humanitárias. Assim fazendo, os jornalistas extrapolaram os limites de seu direito e invadiram o âmbito do direito do bebê inocente, já sorvendo alhures a paz do seio materno adotivo, perfeitamente integrado numa família normal.

Trataram, por sua vez, as mães biológicas, com seus "instintos maternos", às pressas revividos pela publicidade, de encontrar seus afastados ou desconhecidos companheiros, possíveis pais responsáveis pelos bebês "em jogo". Era a glória enaltecida do direito da mãe ao seu filho biológico. E em nome deste direito, é a criança mais uma vez arrancada, tal como a planta, do seio de sua mãe adotiva (a verdadeira!!) – e desta vez para o caos de uma família desestruturada.

Neste episódio, em que todos os adultos esqueceram a verdadeira noção da necessidade que tem a criança de ser feliz, ela foi recebida ao som de trombetas pelo governo, como um troféu ao "esforço humanitário", concentrado no objetivo por todos atingido de limitar a sua vida, se lhe bloqueando o futuro. Acabada a festa... a criança está mergulhada no esquecimento e o troféu, na prateleira, que a vida dos adultos continua...

Tal foi o fato notório da devolução da menina Bruna (dois anos e meio), arrancada de sua família adotiva, em Israel, e entregue à sua mãe biológica, sem qualquer estrutura para recebê-la aqui no Brasil. Seus pais naturais simularam até uma vida conjugal, para resgatarem a criança. Ao chegar, Bruna foi viver num barraco com quatro irmãos. Em 1988, vivia com a tia... e sua mãe acabara de doar o quinto filho (Folha de São Paulo, 17.11.1988).

E as autoridades policiais competentes, defensoras do lema do dever cumprido, repousam suas metralhadoras, antes apontadas para os adotantes e para os traficantes. Aqueles, detidos pelo crime de tentarem adotar, com amorosa e sofrida determinação, uma criança que efetivamente precisava ser adotada; e estes (os traficantes), deixados em ação, porque a lei, fria e estática, incentiva a fraude.

Na verdade, toda vez que o direito objetivo, a ***norma agendi***, dificulta, retarda ou impede o exercício de um direito subjetivo natural, práticas surgem imediatas, levando a Natureza a se recompor, buscando a sua harmonia, o seu momento de equilíbrio.

Todavia, impedir ou dificultar a concretização de adoções, com fundamento no dever de proteção à criança, impondo exigências com vistas a coibir o tráfico de bebês, fere o direito da criança de usufruir as vantagens da adoção, deixa de considerar o impacto das mudanças sobre o psiquismo infantil – e de modo algum restringe a prática ilícita do tráfico.

A norma que rege o instituto, em seu sentido objetivo atual, no seu espírito, na sua razão de ser, nos fatores sociais que a determinaram, volta-se unicamente à integração da criança à família substituta. Sua finalidade atende o interesse do adotado acima de qualquer outro juridicamente tutelado.

Logo, determinações que impeçam o curso do processo legal de adoção desvirtuam a ***mens legis*** e, no nosso entender, pretendem condicionar preceito de lei, contrariando princípios do Direito, sem terem condão para tanto. Para coibir o abuso, outras providências se impõem, enfocando as partes interessadas.

Na adoção, duas vontades convergem. Duas vontades de pessoas capazes de consentir: a do adotando capaz e a dos pais naturais ou do representante legal pelo adotando incapaz (Código Civil), a dos pais naturais ou do representante legal do adotando, sendo dispensado o consentimento, se desconhecidos os pais naturais ou destituídos do poder familiar (Estatuto). Nos dois sistemas, os adotantes consentem. Ao final do processo, a eles será transferido o poder familiar, exercido até então pelos pais biológicos. Estas manifestações de vontade convergirão obrigatoriamente para o bem-estar físico e psicológico do adotado.

Para a saúde e segurança do instituto, garantindo sua finalidade óbvia de satisfazer os interesses da criança, cabe verificar ***a priori*** que estas vontades não estejam viciadas e que os requisitos legais sejam rigidamente respeitados, sem discriminar onde a lei não discrimina.

Com este objetivo, serão obrigatoriamente criadas instituições, em âmbito nacional, com o fim precípuo de promover a adoção em qualquer nível, para onde serão encaminhados, não só gestantes, mas também pais e mães biológicos com intenção de fazerem adotar seus filhos. As mesmas facilidades serão oferecidas àquelas pessoas ou casais desejosos de adotar legalmente uma criança. Nada mais do que aproximar o adotante do adotável.

No seio destas instituições, todos os profissionais integrantes estarão unicamente voltados para o interesse e o bem-estar da criança, portanto movidos pelo desejo verdadeiramente humanitário de o quanto antes integrá-la à uma família apta, com o mínimo de privação materna possível.

Neste sentido, serão examinados, no campo jurídico, os aspectos da conformidade aos requisitos legais, relativos a gestantes ou pais biológicos, adotantes e adotandos, não cabendo restrições onde a lei não restringe.

Do ponto de vista psicológico e da assistência social, as gestantes e os pais naturais receberão dos profissionais de cada área o apoio suficiente para assegurá-los da sua intenção, enaltecendo-se nela a motivação única do bem-estar da criança, afastada de qualquer tipo de vantagem pecuniária, não cabendo obviamente ingerência no foro íntimo dos pais.

Quanto à assistência médica, será ela oferecida, gratuitamente, à criança em geral e à gestante carente no pré-natal e no parto, sendo viável, neste caso, que os custos sejam cobertos pelo próprio adotante, se desta forma for acordado.

Com relação ao adotante, os aspectos psicossociais serão mais amplamente pesquisados e avaliados, justamente para aquilatar a sua capacidade de bem exercer a função da maternidade, condição ideal bastante na realização dos anseios da criança.

Esta capacitação, mais do que aptidão para o exercício da função materna, não deve de forma alguma ser desprezada, face a respostas do candidato não condizentes com os parâmetros estabelecidos pelo método investigatório.

Não importa tanto se o candidato sabe ou não fazer reconhecer sua verdadeira motivação para o ato da adoção; ou se ele tem uma compreensão coerente ou não do problema social do menor abandonado; ou ainda se está bem ou mal enquadrado numa dinâmica familiar satisfatória ou não.

Todos estes são fatores que interagem para a maior ou menor capacitação do adotante, mas numa investigação muito detalhista podem afastar um bom adotante de um adotável e não é esta a finalidade do instituto da adoção nem da instituição criada para incentivá-lo. Além disto, se pode até estar abrindo a possibilidade de a adoção se concretizar através das práticas ilícitas já referidas.

No trato do problema do menor, o profissional de qualquer área, inclusive a jurídica, não deve exorbitar dos objetivos finais do instituto; deve, ao contrário, ter a consciência da sua não onisciência e a sensibilidade de perceber que talvez possa estar afastando uma criança de um destino feliz por excesso de cuidado ao protegê-la de um destino adverso.

No que concerne ao **ADOTANTE ESTRANGEIRO**, tem-se que, ao procurar a instituição como candidato, deverá obrigatoriamente apresentar dossiê elaborado por órgão oficial de seu país de origem, abrangendo investigação ampla e rigorosa de todos os elementos psicossociais que permitam aquilatar sua capacitação para o exercício da função da maternidade.

Deste dossiê constará a prova do cumprimento de todos os requisitos legais para a adoção, tanto da legislação brasileira quanto daquela do país de origem do candidato adotante. Terá sua versão em vernáculo firmada por tradutor juramentado, autenticada ou reconhecida pelo Consulado Brasileiro, e será analisado na própria instituição, por seus profissionais integrantes das áreas jurídica, médica, psicológica e de assistência social.

Sempre no interesse da criança, estes profissionais agirão com a mesma isenção com que atuaram no estudo psicossocial de adotantes brasileiros. No nosso entender, não há por que oferecer tratamento privilegiado aos pretendentes nacionais. O estrangeiro merece estar em igualdade de condições com o candidato brasileiro, porquanto **o interesse da criança deve prevalecer sobre aquele dos candidatos.**

É de se lamentar que, no Brasil, a experiência confirme o perfil da criança adotável: pele branca, poucos meses de vida (0 a 2 anos), sexo feminino. Minoria (1%) num universo de 1 milhão de menores abrigados em instituições. A maioria é de pele escura, idade acima de 4 anos, sexo masculino, deficientes, portadores do vírus HIV e de outras doenças graves. Por não despertarem o interesse espontâneo do adotante brasileiro, perdem toda a infância em reformatórios.

Mas esta disfunção preconceituosa não se resolve e nem se ameniza com uma lei estadual prevendo um salário mensal para quem aceite adotar estas crianças rejeitadas pelo preconceito. Puro mecanismo de acolhimento remunerado, controvertido em vários países desenvolvidos, que levará a criança, como é óbvio, a outros momentos de rejeição, no percurso da notória trajetória que a adoção, simplesmente remunerada pelo amor, quer bloquear.

Considere-se a natureza humana, que é falha. Considere-se a desordem sócio-econômica do país, afetando diretamente esta natureza humana, em todos os estratos sociais, especificamente aquele – alvo desta lei.

Considerem-se as exigências do psiquismo desta criança já vítima de rejeição anterior. Considere-se ainda que nenhuma remuneração será suficiente para aplacar o estresse diário e o desalento de um pai adotivo remunerado; ele fatalmente vai atingir sua eventual prole biológica e, agora, a criança adotada. Tudo considerado, salvemos a criança desta norma!

Diante de tal realidade, da lentidão do processo e face as dificuldades apresentadas (Marisa Martins, em Adoção), o adotante brasileiro – preconceituoso e racista, embora não o admita – se acovarda e discrimina. São pelo menos uns quinze os motivos que o brasileiro apresenta para não adotar.

E sua motivação para adotar é culturalmente egoísta. Ele não tem a percepção de que a criança é o sujeito do direito de ser adotada e integrada ao seio de uma família substituta. Está convencido de que é ele quem tem o direito de adotar aquela criança – objeto de seu direito. Da mesma forma que tem o direito de comprar um animal de estimação, para brincar quando lhe aprouver. Uma vez adotada, a criança passa a ser fonte da satisfação do adotante. Em alguns casos, percebe-se que as crianças vão preencher a solidão, as carências e os anseios de realização, paternal ou maternal, dos adotantes.

Aliás, mesmo na maternidade biológica, a concepção pode ter motivação egoísta, sem que se deva entrar no seu mérito. Há casos em que, para salvar um filho de doença fatal, o casal concebe e traz ao mundo outro filho, com a finalidade primeira de salvar o doente, através de processos de medicina avançada. Nas circunstâncias, o recém-nascido teve seus direitos desrespeitados, já que veio ao mundo para salvar o irmão, correndo o risco de sucumbir aos procedimentos específicos.

Diferentemente, e assaz mais grave, é o caso de um casal de lésbicas, ambas surdas, que, através da inseminação artificial, geraram dois bebês surdos, em épocas diferentes, com a participação do mesmo doador, também surdo. Foi uma motivação egoísta... um contra-senso!!

Suas razões foram surpreendentes: o direito de se comunicarem livremente com seus filhos surdos. As mães até admitiram que teria sido uma bênção, se tivessem nascido com audição perfeita, mas, **como nasceram surdos, foi uma bênção especial**. Gritante foi o desrespeito aos direitos das crianças, a quem os adultos impuseram limites ao potencial e negaram vantagens de competitividade neste mundo implacável...

A motivação do adotante estrangeiro – ocidental – vis-à-vis o adotando do Terceiro Mundo, não é egoísta. Ele tem maior consideração pelo direito da criança. Talvez pelo fato de ter convivido mais diretamente com o flagelo das guerras, com o sofrimento de crianças, na fome e na miséria do mundo.

O adotante nacional, como todo brasileiro, tem uma visão estreita da miséria; não a conhece; é parte dela. Ele foge das favelas, passa ao largo delas; não conhece a criança favelada, mas diariamente enfrenta aquele delinqüente de quem tem medo e raiva, porque perturba a sua paz, nos sinais de trânsito, vendendo balas, fazendo malabarismos, implorando por um trocado, vivendo em bueiros de bairros de elite. O brasileiro adotante não tem tempo de ler, de meditar, e muito menos de ter problemas... a mentalidade é outra...que a realidade é outra.

Este estrangeiro, ao adotar, não discrimina. Ele o faz independente de cor, beleza, idade, deficiência física, doença... Talvez se sinta culpado pelos males do mundo, como que parte da origem da miséria do mundo. Afinal, não será ele oriundo de alguma nação rica ocidental, cujo sistema econômico nos foi imposto, tal qual o foi ao restante do globo colonizado?

Este estrangeiro se emociona com o sofrimento da criança, porque não sofreu privações. Com ela interage e se comunica pelo olhar. Quando adota uma criança doente, sabe que vai conseguir curá-la, ou pelo menos minorar seu sofrimento, já que tem os meios. Para o brasileiro, no entanto, a doença do adotando é problema insolúvel.

Este estrangeiro é capaz de fazer doações para salvar crianças mundo afora, sem nem mesmo conhecer o destino dos fundos. Ele não é perfeito, mas, como adotante, tem maiores e mais eficazes possibilidades de salvar as crianças institucionalizadas, sem depender de remuneração mensal. Porque, de forma natural, lhes oferece o amor de que necessitam.

Logo, por que privilegiar o brasileiro, numa eventual lista de adotantes? Se depender dele, o contingente de crianças adotáveis abrigadas em instituições jamais alcançará a cidadania. Houve quem dissesse, com vibrante ufanismo, que mandar criança adotada por estrangeiro para fora do Brasil era atingir a soberania do país.

De resto, a criança não tem pátria. Basicamente, o que ela precisa é ser amada. A partir daí, o seu destino pode-se dizer que é o melhor que se lhe pode honestamente proporcionar – no Brasil ou no resto do mundo. Para ela tanto faz o idioma em que se sinta amada. Para nós, importa muito o que nos fala a nossa consciência.

Satisfeitos os requisitos legais e psicossociais para a efetivação do processo de adoção, nada mais resta que aproximar adotantes e adotandos e acompanhá-los às autoridades específicas, consoante a modalidade de adoção escolhida. Após aperfeiçoada a adoção, com o apoio do Poder Público e sob o beneplácito da lei, recria-se o vínculo afetivo mãe-filho. É o momento de equilíbrio da Natureza.

A instituição, através do seu setor jurídico, estará presente em todos os atos do processo, mas poderá, se necessário for, oferecer assistência jurídica tanto ao adotando quanto ao adotante.

O processo de adoção, totalmente gratuito e agilizado pelas instituições para este fim criadas em âmbito nacional, com suas normas voltadas à integração da criança a um meio social sadio, certamente, por via de conseqüência, estará respeitando o interesse também do adotante, seja ele brasileiro, seja ele estrangeiro.

Com isto deixará de existir a conduta ***contra legem*** de registrar o filho alheio como próprio, denominada "adoção à brasileira", atualmente definida no artigo 242, *caput,* 2ª figura, do Estatuto Penal Brasileiro. Através deste expediente, diante das dificuldades que se colocam para a composição do vínculo adotivo, muitas pessoas, em milhares de casos ocorridos, têm preferido efetuar o registro de uma criança como se seu filho fosse, longe da tramitação burocrática do processo de adoção. A Justiça, contudo, se disto vier a tomar conhecimento, reconhece o motivo nobre; o juiz condena e impõe a pena, e, num segundo momento, concede o perdão judicial.

Outras práticas fraudulentas, que conspurcam a grandeza do instituto da adoção, tomam corpo na burocracia que envolve o trato do problema do menor, no lento processo de adoção e na discriminação sem sentido contra adotantes estrangeiros.

Confirmando as dificuldades que se apontam, inclusive em livros ("Adoção", Marisa Martins), quanto à falta de celeridade do procedimento adotivo, mesmo na realidade do século XXI, ainda se verificam casos como o da enfermeira que admitiu ter falsificado o registro de um recém-nascido para facilitar sua adoção. Confirmou ter alterado o nome da mãe da criança, que, embora consentindo, se arrependeu e denunciou o fato (O Globo, 15.05.2001).

Tais práticas, e outras tão ou mais nocivas, certamente perderão sua razão de ser – a mediação com fins de lucro – pelo reconhecimento por todos da prevalência do interesse da criança face a qualquer outro tutelado pelo Direito, concretizada na agilização do processo de adoção. Consideradas como crimes, o bom senso exige que sejam apenados tão-somente os agentes – e não as crianças, novamente destroçando seus vínculos afetivos.

A adoção, célere e desburocratizada, é enorme passo no sentido de impedir o processo de aniquilamento da criança, livrando-a do estigma do abandono ao integrá-la, imediata ou precocemente, a um meio social sadio.

A Guarda

No procedimento de adoção, salvo no caso da adoção internacional, instituiu-se a guarda como etapa provisória e preparatória, destinada a regularizar a posse de fato (da criança e do adolescente), podendo ser deferida, liminar e incidentalmente. Medida preparatória para atender ao estágio de convivência – lapso de tempo em que o adotante convive com o adotando – para a verificação da compatibilidade psicológica e afetiva.

O Poder Público estimulará, através de assistência jurídica, incentivos fiscais e subsídios, o acolhimento, sob a forma de guarda, de criança e adolescente órfão ou abandonado. No campo dos subsídios, particularmente no Imposto de Renda, facultando o desconto do menor, sob guarda, como dependente (CF 88, art. 33, 3º). Mais ainda permitindo o desconto de gastos na educação e tratamento médico do menor.

Possui caráter provisório, embora se submeta a processamento normal. Sempre que possível, a criança (se puder se expressar) e o adolescente deverão ser ouvidos. Pode ser revogada, desde logo, em casos graves de relações sexuais com o menor (criança ou adolescente), independente do sexo. O Estatuto não estipula um prazo máximo ou mínimo de duração da guarda.

Na guarda, o parâmetro da lei é o interesse do menor. O Supremo Tribunal Federal manifestou-se no sentido de que "deve ser mantido o menor onde está, desde que aí se encontre bem. A troca do meio ambiente deve ser evitada o quanto possível para não causar prejuízo psíquico à criança" (RT 586/234).

A guarda é pois um direito que tem o guardião de ter consigo um menor – criança ou adolescente – no sentido de lhe prover o sustento, a orientação e a educação. No caso de menor abandonado, vai depender especialmente de decisão judicial, configurando uma intervenção do Estado. A não ser em casos excepcionais, é deferida visando somente a tutela ou a adoção, tal como um estágio para tais institutos, conforme dispõe o artigo 33, 2º, do ECA. Por ser provisória, não vislumbra, desde logo, a perda do poder familiar.

Sendo tão-somente revogável por via judicial, as obrigações e deveres dela decorrentes – direito à obediência e disciplina, dever de alimentos, direito de se opor a terceiros – são pessoais e irrenunciáveis.

Apesar de tais considerações, fica patente que o instituto da guarda atende diretamente o direito do guardião. Indiretamente, atende o direito do Juiz da Infância e da Juventude de exercer, conforme os ditames de sua consciência, o seu múnus público de direcionar o menor institucionalizado. Indiretamente, atende também o direito da própria sociedade de contribuir, sem ônus ou esforço, mas subsidiada pelo Poder Público, para acolher uma criança abandonada e tirá-la da instituição.

Tranqüilizadas as consciências, resta saber onde se coloca, na ordem das prioridades, o direito da criança, seu bem-estar. De vez que, firmada a guarda, o menor – objeto deste acordo e do direito do guardião – fica obrigado à obediência, à subordinação, à disciplina e ao agir correto. E isto pode incluir, no mais das vezes, pelo que se suspeita serem falhas da natureza humana, e dependendo da idade da criança, serviços domésticos, a não interferência com os filhos da casa, se houver, ou com os familiares, e um comportamento subserviente que lhe iniba a elaboração e a expressão de suas idéias e desejos.

Em troca, a **cria da casa** come, dorme, estuda, veste-se, recebe algumas noções do que é certo e do que é errado, e deve demonstrar gratidão por isto. E tudo se passa num clima mais ou menos frio, sem afeto verdadeiro, embora não tão impessoal como sói acontecer nas instituições.

Analisada mais detalhadamente em suas características, nota-se que a guarda, em sendo revogável, mantém a criança e seu guardião numa atmosfera de incerteza, inibindo a expressão de um sentimento mais forte, que poderia trazer muita satisfação, embora também alguma preocupação.

É da natureza humana resguardar-se de constantes perdas. A criança, com mais razão, em permanente privação materna, ela se reprime e se revolta. Ao se resguardar, torna-se inacessível e cria um clima insustentável de chantagem ou de insubordinação, que leva o guardião a recuar e até mesmo devolvê-la, reclamando de sua agressividade. E o que se passa na mente desta criança escapa aos olhos dos fiscais, dos assistentes sociais, cujos relatórios forçosamente lhe serão desfavoráveis.

Considerando-se que a família guardiã é "oriunda da classe média baixa", como informa Dr. Liborni Siqueira, pode-se afirmar que, além de lhe faltar o conhecimento dos processos de desenvolvimento humano, a luta pelo cotidiano da vida não lhe permitirá tempo, condições financeiras nem psicológicas, para se deter na análise da carência afetiva da criança sob guarda, com o fim de lhe proporcionar bem-estar emocional, embora possa até satisfazê-la materialmente. E a isto o guardião não está obrigado, nem pelo acordo nem pelo sentimento.

Se numa família biológica constituída, em que os laços de afeição supostamente existem desde o útero, filhos correm o risco de violências notórias e inomináveis, não é difícil admitir que crianças sob guarda, pela própria natureza superficial da relação, estejam muito pouco seguras quanto aos atos violentos dos guardiães. Elas sem dúvida não estão livres de retornarem às instituições de onde saíram.

No instituto da guarda, a motivação do guardião é, na maioria das vezes, a pena, a comiseração. Ele é estimulado pelas campanhas em torno da desgraça da criança abandonada e pelos subsídios dos poderes públicos. A guarda então terá um aspecto caritativo, o que marcará profundamente o psiquismo do menor, que se sente, e com razão, sujeito do direito de ser amado e não objeto da caridade do guardião, tal como um corpo estranho a quem se deve alimentar e dar escola.

Mas se a motivação for o amor, daí os poderes públicos ficam obrigados a estimular a adoção, não com subsídios fiscais e outros, porém ampliando o seu alcance, no Brasil ou fora dele, facilitando o seu processamento com vistas a alcançar a verdadeira reintegração da criança no seio das famílias aptas a valorizá-la, abrindo espaço para a sua reintegração na sociedade – garantia constitucional desde 1988. Neste sentido, alcançará menores de todas as idades. A criança é adotável, desde quando fale ao coração do adotante em potencial, sem discriminação.

Portanto, qualquer criança, de qualquer raça, pode e deve ser adotada, imediata ou precocemente, e em caráter definitivo, por qualquer adulto, de qualquer sexo, raça, credo ou nacionalidade, desde que seja ***a priori*** reconhecido capaz de exercer a função psicológica da maternidade, capaz de interagir amorosamente com a criança, valorizando-a e liberando-a da incerteza de ser amada. Este adulto capaz de a reintegrar ao seio de uma família sadia é que será capaz de reintegrá-la socialmente. Será o bem-estar da criança beneficiando a sociedade, através da família.

É este adulto que os poderes públicos ficam obrigados a incentivar com a rapidez e a humildade de suas decisões, valorizando aquele ato de amor e confiando na dignidade dos sentimentos do adulto pela criança que lhe tocou o coração.

O Judiciário do Estado do Rio de Janeiro, em abril de 2002, à guisa de incentivo à adoção, promoveu "Campanha para dar um lar a quem não tem", com lançamento de cartilha explicativa, visando conscientizar e instruir candidatos interessados em serem pais.

Em assim fazendo, conceituou o ato de adotar como um verdadeiro exercício de cidadania, pois a inclusão de uma criança abandonada numa família estruturada, que lhe dê carinho, atenção e amor, contribuirá para a transformação deste ser humano no cidadão do futuro. Eis que bem expressou o direito do candidato a adotante de exercer a cidadania, através dos cuidados oferecidos à criança. Cabe lembrar que a reintegração familiar é um direito natural do menor, transmudado em garantia constitucional desde 1988 e até hoje não respeitado. Além do mais, **não importa tanto à criança ser cidadã do futuro. Ela quer ser feliz agora**. E só o será por via da adoção – **essencialmente um ato de amor.**

Porque, na adoção, ela terá cuidado o seu bem-estar, tanto físico quanto psicológico, numa atmosfera de amor, tendo restaurado o vínculo afetivo.

Já na Guarda, ela fará companhia ao adulto e terá cuidado o seu bem-estar físico, com um relacionamento afetivo superficial.

No apadrinhamento, ela terá cuidado o seu bem-estar físico, ajuda na alimentação, na educação, no lazer, receberá até mesmo visitas periódicas, mas não haverá qualquer vínculo afetivo, não haverá comprometimento. E após cada visita, sentirá a solidão do afastamento, a sensação da perda.

Por tudo isto, entendemos que a guarda não minora o sofrimento do menor privado do afeto de uma família. Quando muito, pela guarda se transfere a criança da assistência impessoal da instituição para a assistência menos impessoal da família guardiã. É, contudo, admissível: no caso de criança com dificuldade de interação com o meio ambiente, e cuja reintegração sócio-familiar se prevê difícil, seja pela idade seja pela extensão do dano provocado pela privação materna na sua personalidade.

A solução perfeita para o menor rejeitado, abandonado, institucionalizado, é a adoção. Ainda hoje, narram-se em livros as dificuldades encontradas por brasileiros no processo de adoção, com denúncias sobre empecilhos colocados nos orfanatos, além do conhecido preconceito.

Como, desde a Colônia, a situação do menor no Brasil é de aniquilamento progressivo, não se concebe que o século XXI ainda não tenha trazido a cura para este câncer social.

Na verdade, o que se espera neste sentido do Juiz deste século é que, diante da inquietante realidade do abandono de uma criança numa lixeira, na calçada, no matagal, no banheiro de um avião, ou mesmo no hospital, não intente perquirir sobre a sua procedência. Tampouco deve encetar busca à mãe biológica, no sentido de se assegurar da sua incapacidade de assumir a criança, mesmo que em respeito a uma exigência legal, justamente **porque a lei**, como é sabido, **não caminha *pari passu* com a realidade social do sofrimento psicológico da criança**.

A lei termina sempre buscando mais o interesse do adulto, tranqüilizando a sua consciência, e muito pouco o bem-estar psicológico do menor, quando dispõe – com detalhes frios – sobre como protegê-lo.

Na realidade jurídica, muitas vezes o intérprete deve afastar-se da letra da lei, em busca do direito, da justiça – razão de ser de todas as normas. E em particular, o Direito da Criança tem em seu espírito, em sua essência, o respeito ao interesse do menor, ao seu bem-estar. Além do que deve o intérprete ter presentes as conclusões científicas que alertam para a desestruturação psicológica de uma criança que sofreu rejeição pré-natal, abandono ao nascer e, portanto, imediata e progressiva privação materna, violenta ou não.

Em defesa da criança, basta que se perceba que a intenção da mãe natural está expressa no ato do abandono.

Ela não quis e não quer o filho. Por motivos os mais variados, que não comportam investigação, ela não vai criar o filho. Ainda que se arrependa, este arrependimento, mesmo que eficaz, não a capacita à criação do filho. Sua conduta já exclui qualquer possibilidade de restaurar com a criança o vínculo afetivo despedaçado. Não importa se usou ou não de violência, no ato de abandono. É a sua intenção de não manter a criança que fica configurada pela conduta inequívoca.

Não há que se tentar convencê-la de que é mãe, pela evidência de ter dado à luz. Ela não quer ser mãe e não o será. Não importa o que a sociedade faça no sentido de culturalmente levá-la a entender que aquele é seu filho. Psicologicamente, não se sente mãe.

Amedrontada, ela pode até mesmo recuar, mas esta rejeição ao filho vai permear sua relação com a criança, em cuja vida estará sempre presente a violência do desamor, do abandono psicológico, da rejeição, da indiferença.

Cabe à sociedade desmistificar a maternidade biológica. A mulher será mãe, se e quando assumir a função psicológica da maternidade. A mulher será mãe, se e quando, identificada com a criança, vier a atendê-la em suas necessidades básicas, de forma a que experimentem, mãe e filho, o máximo possível de bem-estar.

Não é verdade que a criança será mais feliz se junto de sua mãe biológica. Na procura desta verdade cultural, impõe-se grande sacrifício à criança, que vai aguardar, na busca, um tempo além daquele possível de suportar a privação instalada. É uma realidade o quadro da criança vítima do que conceituamos como **aborto funcional**, aquele abortamento em vida, pela negligência, pela violência, pelo abandono em sentido amplo – físico ou psicológico.

Propomos, em conseqüência, que o Juiz, diante da visão desta criança, declare de plano a destituição do poder familiar dos pais naturais. O sentido do tempo da criança para suportar o sofrimento não permite estipulação nem aplicação de prazos legais para a retirada do direito dos agressores sobre a criança agredida.

O psiquismo do agressor já se expressou pela conduta mais do que contrária à função da maternidade. Não há por que perquirir sua motivação nem admitir arrependimento e reabilitação, sob pena de se penalizar mais profundamente o psiquismo da criança, que necessita da imediata restauração do seu equilíbrio pelo amor da maternidade substituta.

A partir da destituição do poder familiar, não cabe outro que entregar o menor a pais substitutos, previamente escolhidos através das instituições antes mencionadas, especificamente aparelhadas para abrigar e encaminhar estas crianças, adotáveis pela própria natureza do abandono. A adoção imediata e definitiva garantirá a restauração do vínculo afetivo despedaçado. Esta é a razão de ser do Direito da Criança, cujas normas obrigam todos os adultos.

As instituições destinadas à aproximação do menor com os pais substitutos, já definidas inclusive quanto a recursos humanos, ocupar-se-ão de todos os procedimentos relativos à adoção nacional e estrangeira, conduzindo o processo com assistência tanto ao adotante quanto ao adotando. Conforme Paulo Lins e Silva, devem ser criadas "nos moldes daquelas existentes na Inglaterra, nos Estados Unidos, em São Paulo – Brasil, como o Instituto Paulista de Adoção".[1]

E mais ainda fundamental a informatização global da adoção e seu processo, facilitando o "namoro" entre adotantes e adotandos, sempre no sentido da desejada celeridade do processo. Um verdadeiro "serviço de marketing humano, para facilitar a melhor colocação do carente e abandonado com a família interessada" (Paulo Lins e Silva

1 MONTAGU, A. – "Touching: The Human Significance of the Skin", Harper & Row, New York, 1971.

citado in Antônio Chaves), a exemplo dos Estados Unidos, onde a imagem da criança se apresenta, diariamente, até a solução do caso.

Estes centros de adoção terão sede em todas as capitais, enquanto outros serão difundidos em diferentes municípios, com intuito de facilitar a ação da comunidade no socorro à criança desassistida e no imediato processamento da adoção.

Quanto à adoção, concluímos que, onde quer que esteja disciplinada, sua função social é altamente relevante e, respeitando-se o direito inalienável de cada criança de ter uma família, deve ser processada com a urgência que a criança exige.

Portanto, a presença do Estado deve ser tranqüilizadora e promovedora do exercício do direito natural de cada criança de ser amada em qualquer espaço, em qualquer tempo. É o interesse da criança que prepondera sobre aquele da sociedade, sobre aquele da Nação.

A adoção, assim enfocada, será outro grande passo no sentido de reverter o processo de aniquilamento da criança brasileira vítima de rejeição. Para tanto, há que se legislar e atuar em seu benefício, visando o alcance de sua felicidade, no Brasil ou no exterior.

Como já se disse, discriminar o adotante estrangeiro, dificultando-lhe a adoção de bebê brasileiro, ainda hoje vem penalizando a criança adotável, abrindo-lhe os caminhos da marginalidade.

É de se reconhecer que o estrangeiro, como já referido, ao contrário do brasileiro, não tem preconceito contra a adoção. Enquanto este sempre procura o recém-nascido ideal, aquele quase nunca faz distinção de cor, idade, problemas físicos ou mentais, decidindo-se geralmente pelas crianças com o perfil rejeitado pelos brasileiros – negras, maiores de 4 anos e portadoras de alguma deficiência.

Lamentável a informação da Comissão Estadual Judiciária de Adoção (Ceja) que, em junho de 2002, nos dá conta de que de cada dezessete processos concluídos de adoção internacional, há dez desistências.

Considerando-se unicamente o bem-estar da criança adotada vivendo no exterior, devem tais instituições estar programadas e aparelhadas, e sobretudo com a mente aberta, para aceitar a capacidade de amar da família adotante estrangeira, e não interferir culturalmente no seu modo de ser.

Com o mesmo objetivo de beneficiar o menor, é importante oferecer incentivo a toda iniciativa estrangeira de amparo à infância desassistida, a exemplo da "Terre des Hommes", das "Aldeias SOS", da "Kindernothilfe". Este incentivo deve estar sempre desvinculado de qualquer indagação sobre questões de soberania nacional.

A Criança não tem Pátria. Sua Pátria Será Sempre onde for Amada, Cuidada, Valorizada. Sua Pátria Será Onde lhe Forem Dadas Oportunidades Efetivas de se Desenvolver – Plena de Felicidade – A Ponto de Alcançar a Cidadania.

Conclusão

O Homem é um animal simbólico. Possui peculiaridades biopsíquicas, tais como: postura ereta, liberdade dos membros superiores, polegar em oposição aos demais dedos, visão frontal, raciocínio, memória – e principalmente a palavra.

Por isso, só ele, e tão-somente ele, pode representar e interpretar, emocional ou racionalmente, o que se passa à sua volta, através da poesia, da música, da pintura, da filosofia.

E ao fazê-lo, formula, ainda que inconscientemente, uma interpretação geral da vida. Só ele é capaz de elucidar os fenômenos vitais, através do processo auto-reflexivo – quem sou eu? de onde vim? e para onde vou? – e portanto capaz de desencadear, dentro do grupo social, o chamado processo cultural, cujo resultado lógico são os denominados valores de civilização: a criação das normas técnicas e das normas éticas.

Este Homem simbólico, no entender de Spengler e Frobenius,[1] foi levado, em determinado momento de sua evolução, a formular uma interpretação geral da vida. Através dela, procurou disciplinar o seu modo de ser, de agir e de pensar dentro do grupo social, com o fim de impedir que o grupo se extinguisse em razão de conflitos até então solucionados, pura e simplesmente, sob influxos de dor, medo, ódio e vingança.

Portanto, não com a sociedade, mas no seu seio, fez-se nascer o Direito. Com a produção dos primeiros utensílios de

1 MELO FRANCO, Afonso Arinos de – "Conceito de Civilização Brasileira", Cia. Editora Nacional, 1936

trabalho – o primeiro fator de produção de bens – o grupo cresceu e se organizou. Novas formas de produção se acrescentaram ao cotidiano social. Tornou-se conseqüentemente necessária a demanda de controle da atividade social, disciplinando a disposição e a propriedade daqueles bens.

Sobreveio então o conflito de interesses com o aparecimento da propriedade privada, para cuja proteção criou-se o Estado. Ocorreu assim o lento processo de desagregação da sociedade comunitária e o surgimento embrionário da sociedade de classes, com a sua primeira divisão: a da classe dos homens livres e a dos escravos.

Era a cena propícia à introdução do fenômeno jurídico. Consolidaram-se as condições essenciais ao desabrochar da norma jurídica, complementadas por fatores outros – culturais, religiosos, éticos, econômicos – que a fizeram evoluir até a sua hodierna complexidade. O Estado dita as normas jurídicas; através delas concretiza o Direito e regula a conduta humana no seio da sociedade.

Como sociedade entendemos, conforme Ihering,[2] "uma reunião de diversas pessoas que se vincularam para a perseguição de um fim comum, de tal modo que, cada um, ao atuar para o escopo da sociedade, age, simultaneamente, para si. Ela é da vida humana simplesmente a forma: vida humana e vida social trazendo o mesmo significado", visto ser patente a vocação social do homem.

A vida humana é a causa determinante da formação e da mudança cultural, pois, no dizer de Ralph Linton, "sociedade alguma, como um todo, produziu jamais uma idéia", muito embora seja patente a necessidade do acolhimento da idéia individual pelo coletivo, para a efetiva dinâmica cultural. A Cultura – processo de realização dos valores vitais – é a primeira etapa para o domínio subjetivo do natural, do mundo em si.

---

2 IHERING, Rudolf von – "A Finalidade do Direito", Ed. Rio, 1979.

No teor da interação indivíduo-sociedade, afirmou Ihering que toda a vida humana existe para os fins da sociedade, para os fins culturais da humanidade, jamais meramente para si. E que "ninguém existe por si próprio, como tampouco através de si mesmo. Cada um vive através de outros e, ao mesmo tempo, por outros e para o mundo", independentemente de ser esta a sua intenção. Qualquer ser humano vivente já está, por si só e de alguma forma, beneficiando a existência de outrem.

A sociedade estende-se por sobre toda a humanidade, servindo-a. Por meio de uma força cogente, mobilizadora da vontade humana, livre e vigorosa, o impulso do movimento projeta-se para seus fins, tornando úteis todos os países, povos e energias.

A sociedade é povoada de virtudes, todas reduzidas a um só princípio fundamental – a Justiça, sendo ela a virtude maior, que alberga a caridade, a humanidade, a probidade, o patriotismo, a modéstia, a sinceridade. A Justiça possui também três atributos básicos inerentes à organização do homem: a Igualdade – pois todos os homens têm o mesmo direito à vida, são todos iguais perante Deus e a lei, a Liberdade – pois todos os homens nascem livres em dignidade e direitos, o Homem não possui o direito do domínio sobre outro homem; a Propriedade – pois, se o Homem é livre e independente, é dono absoluto e pleno proprietário de seu corpo e do produto de seu trabalho.[3]

Por conseqüência, ao Homem – ser social – cabe cultivar o ideal da Justiça, projetando-o no sentido da própria sobrevivência da espécie, formulando necessariamente uma nova interpretação geral da vida. Nesta nova concepção, deve também levar em conta a verdadeira condição do Homem que, consoante disse Malraux, é de viver em paz,

---

3 RIZZINI, Irene – Professora e Diretora da Coordenação de Estudos sobre o Menor-CESME, da Universidade Santa Úrsula-Pesquisa de 1985, citada por Carlos Alberto Luppi.

com liberdade e o mínimo de bens materiais necessários ao seu bem-estar, ao seu aperfeiçoamento físico, psíquico, profissional e moral.

Para tanto faz-se mister que, nos grupos humanos, por força deste processamento cultural incessante – que são as concepções que formulamos a cada instante sobre a vida – venha a nascer, tomar corpo e se cristalizar esta idéia maior de que é o ser que determina a consciência social do homem e não a sua consciência que determina o ser social.

Que só assim poderá o ser humano conjurar a crise mais grave com que já se deparou a humanidade, que é a crise de sua própria sobrevivência, neste instante histórico dualístico – a luta do capital versus trabalho – com seus consectários lógicos: a exploração predatória do globo terrestre, a miséria e a fome no terceiro mundo, sacrificado pelos interesses político-econômicos das potências desenvolvidas.

As civilizações são o processo de realização dos valores culturais através da técnica. São portanto produto natural e lógico das culturas e, sendo assim, para que permaneçam e evoluam, urge dotar a sociedade de uma nova concepção de vida, desta forma afastando-se o ser humano de sua aterradora vocação para a autodestruição da espécie. É imperativo restabelecer o primado do Direito sobre a força bruta.

Importa que, em seu processo de inter-relacionamento, indivíduos, grupos e estados passem a utilizar o Direito como o único meio válido de solucionar os seus conflitos de interesses, buscando e acatando a linguagem da Justiça como expressão exclusiva e soberana desta nova e superior interpretação geral da vida.

Escreve Ihering[4] que "o fim do Direito é a Paz, o meio de alcançá-lo, a Luta. Enquanto o Direito tiver de contar

---

4 IHERING, Rudolf von – "A Luta pelo Direito", Ed. Rio, 1979.

com as agressões partidas dos arraiais da injustiça – e isto acontecerá enquanto o mundo for mundo – não poderá prescindir da Luta. A vida do Direito é a Luta – uma luta dos povos, dos governos, das classes sociais, dos indivíduos. O Direito não é uma simples idéia, é uma força viva. Representa um trabalho ininterrupto, não só do poder público, mas de toda a população".

"Quando o tumulto das revoluções se aplaca, só fica de pé a obra do Jurista", lembrava George Rippert. É o Direito que permanece.

Sabemos que o Direito nasce, transfere-se, incorpora-se, paira. O Direito é dinâmico. Em determinado instante, dele tomamos ciência, dele conhecemos a essência, seus métodos de interpretação. Através dele e por ele, não sem luta ou sem esforço, fomos levados à condição de o poder aplicar, de o poder restaurar quando lesado, de o poder estender a quem dele for privado. Será sem dúvida o mais belo dos nossos momentos aquele em que, por meio dele, realizarmos a Justiça – a sua linguagem, a sua forma de expressão, o seu fim essencial.

Disse Marco Aurélio que o Universo é mudança – e a vida, constância. Sejamos pois constantes em nossa inquietação criadora, enquanto muda o Universo. Busquemos a justiça social em cada país, bem voltados para o respeito aos direitos humanos, que mais do que tudo são os nossos direitos.

Lutemos para alcançar a Paz Mundial pela via do Império do Direito, em nível de Governo – local, nacional, internacional. Lutemos ainda para que a cooperação e a interdependência entre povos deitem suas bases tão-somente na Justiça e na solidariedade.

Procuremos incentivar a resolução dos conflitos de interesses internacionais por meios pacíficos. Ocupemo-nos com o agravamento das tensões sociais – nacionais e internacionais – estudando e analisando sua causa, que não será outra que uma eloqüente injustiça social, nutrida de miséria e fome.

E, por derradeiro, sejamos dignos do nosso Patrimônio Primordial: as nossas crianças. Com muito amor, lutemos por seus direitos, para que elas, sorrindo, os possam plenamente exercer. E que **Deus** nos ajude!!!

"LES ENFANTS NE SONT LA PROPRIETÉ DE PERSONNE:

ILS NE SONT NI LA PROPRIETÉ DE LEURS PARENTS,

NI LA PROPRIETÉ DE LA SOCIETÉ.

ILS N'APPARTIENT QU'À LEUR FUTURE LIBERTÉ."

BAKOUNINE

RUSSIE – 1814.1876

Dizes que sou o futuro.
Não me desampares no presente.
Dizes que sou a esperança da paz.
Não me induzas à guerra.
Dizes que sou a promessa do bem.
Não me confies ao mal.
Dizes que sou a luz dos teus olhos.
Não me abandones às trevas.
Não espero somente o teu pão.
Dá-me luz e entendimento.
Não desejo tão só a festa de teu carinho.
Suplico-te amor com que me eduques.
Não te rogo apenas brinquedos.
Peço-te bons exemplos e boas palavras.
Não sou simples ornamento de teu caminho.
Sou alguém que te bate à porta em nome de Deus.
Ensina-me o trabalho e a humildade, o devotamento e o perdão.
Compadece-te de mim e orienta-me para o que seja bom e justo...
Corrige-me enquanto é tempo, ainda que eu sofra...
Ajuda-me hoje para que amanhã eu não te faça chorar.

Meimei

Referências Bibliográficas

"ACTES DU XII CONGRÈS DE L'ASSOCIATION INTERNATIONALE DES MAGISTRATS DE LA JEUNESSE E DE LA FAMILLE", Rio de Janeiro, Brasil, 1986.

"L'ADOPTION INTERNATIONALE - QUE SONT'ILS DEVENUS?", Editions Advimark, Lausanne.

AMARAL SANTOS, Othon – "Da Adoção", Bestbook, 1998.

ARIÈS, Philippe – "História da Morte no Ocidente desde a Idade Média", Teorema,1988 – e "História Social da Criança e da Família", Rio de Janeiro 1986.

ARMANI, Flair – "Como proceder no Juizado de Menores", São Paulo, Saraiva, 1987.

BANDINTER, Elisabeth – "L'Amour em plus", Paris, Flammarion, 1980.

BANDURA, A. – "Principles of Behaviour Modification", Holt, Rinehart and Winston, New York, 1969.

BARREIRA, Wilson e BRASIL, Paulo Roberto Grava – "O Direito do Menor na nova Constituição", São Paulo, Atlas, 1989.

BARROSO, Carmen – "Gravidez na Adolescência". IPLAN/IPEA/UNICEF/Fundação Carlos Chagas, 1986.

BIERRENBACH, Sader Figueiredo – "Fogo no Pavilhão – Uma Proposta de Liberdade para o Menor", Brasiliense, 1987.

BLAFFER, Sarah – "Mãe Natureza-Maternidade, Filhos e Seleção Natural", Campus, 2001.

BOWLBY, John – "Formação e Rompimento dos Laços Afetivos", Martins Fontes, 1990.

CAMPOS, Ângela Valadares de Souza – "O Menor Institucionalizado – Um Desafio para a Sociedade", Vozes, 1984.

CÂNDIDO XAVIER, Francisco, "Antologia da Criança", São Paulo.

CARO, Denise – "O Filho que tanto queremos: as novas descobertas da Medicina para vencer a esterilidade", Nova Fronteira, 1988.

CASTRO, Cláudio e MARTINE, George – "Le Planning familial au Brésil après la Conference de Mexico", CNRH/IPEA, 1984.

CAVALLIERI, Alyrio – "Direito do Menor", Forense, 1986.

CERQUEIRA FILHO, Gisálio – "A Questão Social no Brasil", Civilização Brasileira, 1982.

CHARBONNEAU, Pe Paul Eugène – "Civilização, Sexualidade, Escola", Revista de Educação AEC, Brasília, 1981.

CHAVES, Antônio – "Adoção Simples e Adoção Plena", São Paulo, 4ª ed. Julex Livros, 1988.

CHENIAUX, Sonia – "Trapaceados e Trapaceiros" – O Menor de Rua e o Serviço Social", Cortez, 1986.

CÓDIGO PENAL BRASILEIRO – 1989.

CÓDIGO CIVIL BRASILEIRO – 1989/2002.

COLLEN, Paulo – "Mais que a realidade", Cortez, 1987.

CONSTITUIÇÃO FEDERAL – 1988.

"CRIANÇAS COMPROMISSO SOCIAL" – Conselho Nacional dos Direitos da Mulher, 1989.

"CRIANÇAS NA LINHA DE FRENTE – O IMPACTO DAS GUERRAS", Relatório UNICEF, 1988.

CZAPSKI, Elias – "Manual Prático da Adoção", Saraiva, 1988.

DELMANTO, Celso – "Código Penal Comentado", 1988.

DOLTO, Françoise – "Solidão", Martins Fontes, 1998.

"ESTATUTO DA CRIANÇA E DO ADOLESCENTE – Projeto de Lei nº 193/89", Senado Federal.

FELIPE, Jorge Franklin Alves – "Adoção, Guarda", Forense, 1987.

FISCHER FERREIRA, Rosa Maria – "Meninos de Rua: Expectativa e Valores de Menores Marginalizados em São Paulo", São Paulo, 1979.

FREIRE, Paulo – "Educadores de Rua – Uma Abordagem Crítica", UNICEF-SAS-FUNABEM, 1987.

GARCEZ, Marcos Nogueira – "Adoção e Tutela", Revista dos Tribunais, 1986.

GEORGE, Susan – "O Mercado da Fome", Paz e Terra, 1978.

GILGEN-FROIDEVAUX, Christiane – "Les Enfants de la Rocinha", L'Aire, 1986.

GIUSTINA, Joacir della – "A Pastoral do Menor no Brasil, Hoje", Petrópolis, Vozes, 1987.

JORNAL O GLOBO – Pesquisas.

GOLDSTEIN, J.; FREUD, Anna; e SOLNIT, A. – "No Interesse da Criança?", São Paulo, Martins Fontes, 1987.

GRÜNSPUN, Hain – "Os Direitos dos Menores", São Paulo, Almed, 1986.

GUERRA, Viviana Nogueira de Azevedo – "Violência de pais contra filhos: Procuram-se vítimas", São Paulo, Cortez, 1985.

GUIMARÃES, Giovane Serra Azul – "Adoção, Tutela e Guarda", 2ª ed., São Paulo.

HERSCH, Feanne – "Le Droit d'être un Homme – Recueil de textes", UNESCO,1968.

IHERING, Rudolf von – "A Finalidade do Direito", Ed. Rio, 1979 e "A Luta pelo Direito", Ed. Rio, 1979.

JORNAL DO BRASIL – Pesquisas.

JORNAL DE PEDIATRIA – vol. 63, out. 1987, São Paulo.

JUNQUEIRA, Lia – "Abandonados", Ícone, 1986.

LACAN, Jacques – "Os Complexos Familiares", Zahar, 1987.

LEITE, Eduardo de Oliveira – "Grandes Temas da Atualidade – Adoção – Aspectos Jurídicos e Metajurídicos", Forense, 2005.

LEVIN, Leah – "Direitos Humanos", Brasiliense, UNESCO, 1985.

LIBERATI, Wilson Donizeti – "Comentários ao ECA", Malheiros, 1999 e "Adoção Internacional", 2ª ed., Malheiros, 2003.

LINTON, Ralph – "Estúdio Del Hombre", Fondo de Cultura Económica, México, 1965.

LOBO, Eugênio Roberto Haddock – "Planejamento Familiar", Ed. Trabalhistas, 1984.

LOUZEIRO, J. – "Infância dos Mortos", Record, Rio de Janeiro, 1977.

LUPPI, Carlos Alberto – "Agora e na hora da nossa morte", 1981 – e "Malditos Frutos do Nosso Ventre" – Ícone, 1987.

LUZ, Valdemar da – "Manual do Menor", Saraiva, 1988.

MACHADO, Antônio Luís Ribeiro – "Código de Menores Comentado", Saraiva, 1987.

MACHADO NETO, A. L. – "Sociologia Jurídica", Saraiva. 1974.

MALDONADO, Maria Teresa – "Maternidade e Paternidade", Vozes, 1989 e "Psicologia da Gravidez: Parto e Puerpério", Vozes, 1985.

MANN, Peter H. – "Métodos de Investigação Sociológica", Zahar, 1979.

MARCÍLIO, Maria Luiza – "A Criança na História da População Brasileira", CEDHAL, Universidade de São Paulo, 1998.

MARQUES, João Benedito de Azevedo – "A prevenção e o tratamento das manifestações anti-socias do menor", São Paulo, 1974 e "Marginalização: Menor e Criminalidade", São Paulo, McGraw-Hill do Brasil – 1976.

MARTINS, Anísio Garcia – "O Direito do Menor", Editora Universitária de Direito, 1988.

MEDEIROS, Lígia de – "A Criança da Favela e sua visão do mundo: uma contribuição para o repensar da escola", Dois Pontos, 1986.

MELO, Floro de Araújo – "A História da História do Menor no Brasil", 1986.

MELO FRANCO, Afonso Arinos de – "Conceito de Civilização Brasileira", Cia Editora Nacional, 1936.

MONTAGU, A. – "Touching: The Human Significance of the Skin", Harper & Row, New York, 1971.

MORAES, Maria Madalena de – "Abandono e Adoção". Rio de Janeiro, 1983.

MUSSEN, CONGER, KAGAN– "Desenvolvimento e Personalidade da Criança", Harbra, 1974.

NOGUEIRA, Paulo Lúcio – "Comentários ao Código de Menores", 1988 e "Estatuto da Criança e do Adolescente Comentado", Saraiva, 1991.

PACHECO, Mário Victor de Assis – "Racismo, Machismo e Planejamento Familiar", Vozes, 1984.

PAPALEO, Celso – "Aborto e Contracepção", Renovar, 2000

"PASTORAL DA CRIANÇA" – CNBB, 1989.

PERNETTA, César – "Amor e Liberdade na Educaçao da Criança", Imago, 1988.

PERROT, Michelle – "Os Excluídos da História", Paz e Terra, 1988.

PICHON-RIVIÈRE, Enrique – "Teoria do Vínculo", Martins Fontes, 1988.

PRADO, Luís Antônio – "Crianças de Rua – Criatividade e Autonomia", 1987.

"PROFIL STATISTIQUE DE MÈRES ET D'ENFANTS AU BRÉSIL" – Celso Simões, Luís Oliveira – UNICEF/OPAS/IBGE, 1988.

PROJETO DE LEI nº 255/89, instituindo o colégio de menores.

"PROPOSTAS PARA O ATENDIMENTO de Crianças Carentes de 0 a 6 anos de idade" – UNICEF/MPAS, 1982.

"RECESSÃO MUNDIAL E INFÂNCIA" – "Estudos Econômicos" – IPEA/USP, vol. 14, 1984.

"RELATÓRIO DO PRIMEIRO SEMINÁRIO LATINO-AMERICANO sobre Alternativas Comunitárias para Meninos de Rua" – UNICEF/Colômbia; MPAS/Brasil, 1984.

RETRATOS DO BRASIL – "Os Meninos e Meninas de Rua", Editora Política, 1988.

RICOEUR Paul – "O Mal – Um Desafio à Filosofia e à Teologia", Papirus, 1988.

RIZZINI, Irene – Professora e Diretora da Coordenação de Estudos sobre o Menor-CESME, da Universidade Santa Úrsula-Pesquisa de 1985, citada por Carlos Alberto Luppi.

ROGERS, Carl R. – "Tornar-se Pessoa", Martins Fontes, 1987.

SÁ, Hilda Vieira de – "Os filhos perante a lei", Edição Universitária, 1986.

SANTOS, Hélio de Oliveira – "Crianças Espancadas", Papirus, 1987.

SHRIMPTON, Roger – "Ecologia da Desnutrição na Infância: Análise da Evidência das Relações entre variáveis sócio-econômicas e estado nutricional".

SILVA JUNIOR, Antônio Rubião – "Adoção", Julex Livros, 1988.

SIQUEIRA, Liborni – "Anteprojeto da lei sobre Adoção", 1989, Comissão Temporária que instituiu o Código Civil.

"SITUAÇÃO MUNDIAL DA INFÂNCIA – UNICEF, 1989.

SOIFER, Raquel – " Psicologia da Gravidez, Parto e Puerpério – Artes Médicas", 1980.

SPITZ, R. A. – "El Premier Año de Vida Del Niño", Aguillar, Madrid, 1958.

SZNICK, Valdir – "Adoção", Universidade de Direito, 1999.

TELLES JUNIOR, Goffredo – "O Direito Quântico" – Ensaio sobre o Fundamento da Ordem Jurídica, Max Limonad, 1985.

TRIBUNE INTERNATIONALE DES DROITS DE L'ENFANCE-1986, 1987, 1988.

UNICEF – Informe Anual 1989.

VELHO, Gilberto – "Desvio e Divergência – Uma Crítica da Patologia Social", Zahar, 1985.

VIOLANTE, Maria Lúcia – "O Dilema do Decente Malandro – a questão da identidade do menor", FUNABEM, Cortez, 1985.

WINNICOTT, D. W. – "Os bebês e suas mães", Martins Fontes, 1988 e "Privação e Delinqüência", Martins Fontes, 1987.

Impresso nas oficinas da
SERMOGRAF - ARTES GRÁFICAS E EDITORA LTDA.
Rua São Sebastião, 199 - Petrópolis - RJ
Tel.: (24)2237-3769